O GANSO MARISCO
e outros papos de cozinha

Dados Internacionais de Catalogação na Publicação (CIP)
(Simone M. P. Vieira — CRB 8ª/4771)

Lerner, Breno
O ganso marisco e outros papos de cozinha / Breno Lernere;
[ilustrações Domingos Takeshita]. — São Paulo : Editora Senac
São Paulo, 2022.

Índice.
Glossário.
ISBN 978-85-396-3275-6 (impresso/2022)
e-ISBN 978-85-396-3276-3 (ePub/2022)
e-ISBN 978-85-396-3277-0 (PDF/2022)

1. Contos gastronômicos — Literatura brasileira 2. Gastronomia
— Contos culinários 3. Culinária judaica I. Takeshita, Domingos. II. Título.

22-1491t   CDD — 641.5
                                                    869.3B
                                    BISAC CKB030000
                                             YAF013000

Índice para catálogo sistemático
1. Gastronomia — Contos culinários   641.5
2. Literatura brasileira — Contos   869.3B

Breno Lerner

O GANSO MARISCO

e outros papos de cozinha

Editora Senac São Paulo – São Paulo – 2022

ADMINISTRAÇÃO REGIONAL DO SENAC NO ESTADO DE SÃO PAULO

Presidente do Conselho Regional
Abram Szajman

Diretor do Departamento Regional
Luiz Francisco de A. Salgado

Superintendente Universitário e de Desenvolvimento
Luiz Carlos Dourado

EDITORA SENAC SÃO PAULO

Conselho Editorial: Luiz Francisco de A. Salgado
Luiz Carlos Dourado
Darcio Sayad Maia
Lucila Mara Sbrana Sciotti
Luís Américo Tousi Botelho

Gerente/Publisher: Luís Américo Tousi Botelho
Coordenação Editorial/Prospecção: Dolores Crisci Manzano e Ricardo Diana
Administrativo: grupoedsadministrativo@sp.senac.br
Comercial: comercial@editorasenacsp.com.br

Revisão de Texto: AZ Design Arte e Cultura Ltda.
Projeto Gráfico, Capa e Editoração Eletrônica: Erika Kamogawa
Ilustrações: Domingos Takeshita
Impressão e Acabamento: Gráfica CS

Editora Senac São Paulo
Rua 24 de Maio, 208 — 3º andar
Centro — CEP 01041-000
Caixa Postal 1120 — CEP 01032-970 — São Paulo — SP
Tel. (11) 2187-4450 — Fax (11) 2187-4486
E-mail: editora@sp.senac.br
Home page: http://www.livrariasenac.com.br

A Suely, Carolina e Vanessa – mulheres de minha vida.
A minhas avós, de quem tudo aprendi.
À memória de meu pai, que tudo me ensinou.

SUMÁRIO

APRESENTAÇÃO

Sou um contador de histórias. Adoro contar histórias e lorotas e, se forem de culinária, melhor ainda.

Tudo começou na casa de minha Babe Clara, vendo-a diligentemente preparar as refeições e comidas judaicas clássicas de cada uma das festas e do shabat. O passar dos anos alertou-me de que todo esse cabedal ia perder-se, e comecei a registrá-lo, transformando abissele (um pouco, em ídiche) em xícaras e shticale (um pedacinho) em gramas.

Mais tempo passou, e a curiosidade fez com que eu continuasse a procurar e registrar histórias e origens de cada prato e ingrediente.

Em algum momento da década de 1980, o Jairo Fridlin, da livraria Sefer, me perguntou por que eu não começava a contar aos outros todas essas histórias. Bem, caro Jairo, olha o tamanho da encrenca que você arrumou...

De lá para cá, foram workshops, palestras, programas de TV, colunas em revistas, jornais e sites, três livros publicados; enfim, minhas atividades cresceram, meus interesses se multiplicaram, e comecei a cozinhar para melhor ilustrar as histórias que conto. Agora sou um contador de histórias metido a cozinheiro.

Para poder contar as histórias, passei a dedicar à pesquisa todo o tempo disponível e, caros amigos, que coisa terrível tem sido tentar achar fontes e origens. Mais do que outros aspectos culturais da história, a culinária e seus ingredientes soem ter mais de uma origem, mais de uma história, mais de uma versão. Quando confrontado com essas situações, tentei passar em cada conto aquela que me pareceu mais comprovada ou mais plausível à luz dos fatos ou, em raros casos, aquela mais divertida, confesso.

Assim, amigos, não pretendi nestes contos o rigor da arqueologia culinária, mas sim levantar alguns traços interessantes que permitissem ao leitor entender um pouco melhor o que está comendo e por quê, de maneira agradável e, quando possível, divertida.

Um agradecimento muito especial é devido aos meus editores nas revistas, programas e sites que muito contribuíram com seu conhecimento para minha pesquisa.

Um agradecimento mais do que especial é devido ao Centro de Cultura Judaica, minha casa e minha cozinha, que me permitiu, nos últimos anos, desenvolver pesquisas, programas e workshops, judaicos ou não, muitos deles registrados neste livro.

Um agradecimento único à minha mãe, que, silenciosamente, sempre apoiou meus acertos e erros.[1]

Breno Lerner

---

* Aos judeus não é permitido pronunciar ou reproduzir o nome do Criador, por isso adotei a grafia convencional D'us. (N. A.)

"O" LIVRO DE RECEITAS

UM VERDADEIRO TESOURO GASTRONÔMICO, COMPILADO NA MESMA ÉPOCA QUE *AS MIL E UMA NOITES*, REFLETE A FASCINANTE HISTÓRIA DA FUSÃO DO MUNDO ÁRABE E SUAS RECEITAS MEDIEVAIS.

Há mil anos, o culto príncipe de Alepo, Saif al-Dawlah al-Hamdani, encomendou ao poeta Abu Muhammad al-Muzaffar ibn Sayyar um livro que descrevesse a riqueza gastronômica da época. Havia bons motivos para tanto, pois a cultura da gastronomia era quase uma obsessão entre os governantes sassânidas, que promoviam torneios de culinária e disputas palacianas de receitas. Diga-se de passagem, a dinastia seguinte, os abássidas, manteve esse costume com a mudança da capital para Bagdá e o consequente renascimento cultural da região.

O autor, sendo um nobre descendente de antigas dinastias, tinha acesso a todas as famílias importantes da época e conseguiu as receitas dos palácios de califas, príncipes e de todo mundo que importava. No livro, que contém um total de 35 receitas, há alguns tesouros, como as receitas pessoais dos califas Al-Mahdi, o salvador, Al-Mutawakkil, o construtor, e Al-Ma'mun, o filho rebelde do grande Harun al-Rashid, além de histórias culinárias do poeta e *gourmet* Ibrahim ibn al-Mahdi.

Pouco dessa obra-prima chegou até nosso tempo. Apenas três manuscritos completos e um quarto incompleto revelam a maravilha culinária daquela que foi a cidade mais rica de sua época. Infelizmente, não é o suficiente para entendermos o verdadeiro império gastronômico que teria sido Bagdá.

Curiosamente não achamos receitas de homus, tabule, quibe ou *baklawa*, pois a fusão entre o mundo persa e o muçulmano, à época, ainda não era tão forte. Entretanto, temos, sim, receitas cujos nomes homenageavam os potentados daquele tempo, como *Haaruuniyyah, Ma'muuniyyah, Mutawakkiliyyah* e *Ibraahimiyyah*. Existe até uma com o nome da mulher de Ma'mun, *Buraniyyah*, uma das poucas que são conhecidas até hoje, que, diga-se de passagem, é uma das diversas versões conhecidas de berinjela com carne.

Deve-se notar, aliás, a pouca quantidade de receitas com berinjela no livro. Hoje em dia ela é conhecida entre os povos árabes como *sayyid al-khudaar*, o lorde dos vegetais, mas, na época, era uma recente importação da Índia, pouco conhecida e de gosto amargo.

Como disse um beduíno, quando apresentado à berinjela (o que é relatado no livro, como anedota), "essa tal de berinjela tem a cor da barriga de um escorpião e o gosto de seu rabo...". Médicos da época chegaram a atribuir algumas doenças a seu consumo.

Ainda assim, encontramos sete receitas de berinjela no livro, duas delas chamadas de *Baadhinjaan Buran*, Berinjelas de Buran, em homenagem à mulher do califa, que, talvez, tenha sido a primeira nobre a divulgar seu uso, muito provavelmente já no memorável banquete de seu casamento, que é descrito no livro como um marco de luxo e requinte históricos.

Uma terceira receita, também atribuída a Buran, trata de fatias de berinjela fritas e salpicadas com pimenta, cominho e, pasmem, arruda picada.

A arruda, conhecida pelos persas como *rue*, era utilizada como tempero, provavelmente um costume vindo da Índia. Curiosamente, os médicos da época já advertiam que ela poderia modificar o ciclo menstrual feminino e, portanto, não seria recomendada a mulheres grávidas ou que pretendessem engravidar.

Também vale a pena conhecer um pouco sobre a comida das nações árabes pré-islâmicas, que se fundiram com as tradições persas e criaram essa maravilhosa cozinha.

Embora farta, a dieta pré-islâmica era bastante monótona. Tudo girava em torno de tâmaras, cevada, leite e seus derivados, a ponto de haver palavras para tâmaras com leite (*majii'*), tâmaras secas com leite (*siq'al*), tâmaras sem caroço ao leite (*watii'ah*) e tâmaras amassadas com leite (*wajii'ah*).

Quando os árabes conquistaram a Pérsia, encontraram uma sofisticada culinária, que foi imediatamente adotada, com o consequente sincretismo.

O culto à gastronomia na corte sassânida era quase uma religião, como mostra muito bem o livro *A História do Rei Khurshaw e Seu Servo*, do século VI, que narra a vida de um jovem nobre que queria um lugar na corte do rei e foi por ele questionado apenas sobre culinária e gastronomia, acabando por desenhar um panorama gastronômico da época. Um trecho muito interessante desse texto afirma que a forma saudável de engordar as galinhas é alimentá-las com sementes de cânhamo, vulgarmente conhecido entre nós como maconha.

O suprassumo dos pratos no século IX, em Bagdá, eram os cozidos, normalmente feitos no *tannuur* (forno *tandori*). Tinham sempre um sufixo no nome, como *sikbaaj* (aromatizado com vinagre) ou *naarbaaj* (aromatizado com suco de romã), somado ao nome do ingrediente principal, *adasiyyah* (lentilha com carne) ou *shaljamiyyah* (nabos), ou ainda levavam o nome do califa da época, como mostramos. Ao levar o nome do califa, supunha-se que a receita levasse seu ingrediente preferido, por exemplo, no *Haaruuniyyah* antes citado, já se sabia que o tempero principal era o *sumaque* ou *sumac* (a frutinha da planta *Rhus coriaria*, seca e transformada em pó, muito utilizada na culinária árabe até hoje), adorado pelo califa Harun al-Rashid.

O uso de especiarias era intenso, como o é até hoje. Destacavam-se o cominho, a assa-fétida (uma erva com forte sabor de alho ainda muito utilizada na culinária mediterrânea) e o *galangal* (raiz, também vinda da Índia, cujo sabor mistura alho, gengibre e mostarda).

As ervas, como hoje, chegavam a aparecer na mesma receita com cinco ou seis espécies diferentes, entre elas a já citada arruda, o manjericão, o estragão, a menta, a salsinha e o coentro. Curiosamente, algumas receitas de cozido solicitavam, além das ervas, queijo ralado.

Um tempero muito utilizado era o *murri*, uma versão local do *shoyu*, que era feito envolvendo-se pedaços de massa elaborada com cevada em folhas de figo, deixando-os ser atacados por fungos.

Eram misturados com farinha, sal e água para fermentar por um mês. A mistura fermentada era prensada e filtrada, resultando em um líquido escuro com sabor muito parecido com o do *shoyu*, utilizado para temperar praticamente todos os pratos da época.

Os assados eram feitos, em sua maioria, também no *tannuur*, algumas vezes em peças inteiras, como o *jahb mubazzar*, uma sofisticada receita de carré de cordeiro em uma crosta de ervas. O grande prato assado era o *Juudhaab*, ou *Juudhaabah*, em que a carne era servida dentro de uma espécie de pudim adocicado, feito no chão do *tannuur*, para coletar os sucos que caíam da carne enquanto esta assava (uma espécie de tataravô do pudim de Yorkshire).

O poeta Badi al-Zaman al-Hamathani escreveu mais de uma história e alguns poemas em que essa receita era o tema.

Os peixes também eram preparados no *tannuur*, destacando-se uma receita na qual a cabeça do peixe era grelhada, o corpo era assado, e a cauda, frita. Essa receita acabou por aparecer em diversos livros de culinária europeus como uma invenção divina. Seu segredo era envolver o corpo do peixe em diversas camadas de panos encharcados com sucos e a cauda, em telas encharcadas de azeite.

Gostaria de, ao menos, deixar aqui a receita preferida do grande Harun al-Rashid para vocês. Vai, então, a seguir, um presente das arábias, a receita de *Mulahwajah*, a preferida do grande califa. A propósito, a palavra quer dizer "rápido", "imediato".

MULAHWAJAH

AZEITE

1 CEBOLA GRANDE FATIADA

2 ALHOS-PORÓS FATIADOS

1 FOLHINHA DE ARRUDA BEM PICADINHA (TOME CUIDADO COM SEU

FORTÍSSIMO SABOR E COM SEUS EFEITOS COLATERAIS)

1 COLHER (SOPA) DE FOLHAS DE COENTRO

450 G DE CARNE DE CARNEIRO CORTADA EM CUBOS PEQUENOS

1 COLHER (CAFÉ) DE CANELA EM PÓ

1 COLHER (CHÁ) DE COMINHO

1 COLHER (CHÁ) DE *GALANGAL* RALADO (SE NÃO O ACHAR,

SUBSTITUA-O POR GENGIBRE RALADO)

4 COLHERES (SOPA) DE VINAGRE

2 COLHERES (SOPA) DE *SHOYU* (A RECEITA ORIGINAL PEDIA O *MURRI*)

2 COLHERES (SOPA) DE MEL

Aqueça azeite em uma panela e refogue a cebola, o alho-poró, a arruda e um terço do coentro até amolecerem.

Doure então a carne, de todos os lados, e acrescente os outros ingredientes, menos o mel e o coentro que sobrou. Cozinhe a carne até que fique macia.

Acrescente o mel e sirva o prato decorado com as folhas de coentro reservadas, acompanhado de pão pita ligeiramente torrado.

Delicie-se e ganhe a sabedoria e a visão do grande Harun al-Rashid.

Faltou contar só uma coisinha: esse maravilhoso tratado, esse vade-mécum da culinária medieval árabe, tão grandioso, ou mais, quanto *As Mil e Uma Noites*, recebeu de seu autor o singelo nome de *Kitab al-Tabikh*, o que, traduzido, quer dizer apenas "Livro de Receitas"...

A DIETA BÍBLICA
No princípio eram os vegetais...

Na criação, D'us reserva como alimento ao homem "...todas as ervas que dão semente e todas as árvores que dão frutos que dão semente..." (*Gênesis* 1:29).

Assim, o cardápio inicial deveria ser composto, no caso dos grãos, de trigo, cevada, centeio, aveia e painço. As sementes deveriam ser o girassol, o gergelim, o linho ou a linhaça, a abóbora e outros frutos. As oleaginosas poderiam ser a lentilha, a ervilha, talvez o amendoim e, porventura, a soja.

Berinjelas, pimentões, melões, pepinos e, eventualmente, quiabos, abobrinhas e feijão-de-corda eram os vegetais mais consumidos.

Das frutas, comiam-se, nesse primeiro momento, as cítricas e, aparentemente, as palmáceas.

Das nozes, amêndoas e pecãs.

Ou seja, o plano original era que o homem comesse plantas e frutas.

Ocorreu que, após o pecado original, o homem foi expulso do paraíso e condenado a tirar da terra o seu sustento, tendo sido incluídas em sua dieta as folhas verdes – a relva, ou as ervas dos campos –, até então reservadas aos animais (*Gênesis* 3:17 e 19).

Passaram a fazer parte da dieta a couve, a endívia, a escarola, a couve-flor e, provavelmente, nabos e beterrabas em uma etapa posterior.

Carne e peixe são adicionados ao cardápio humano após o dilúvio.

D'us, após sentir o aroma da fumaça do sacrifício ofertado por Noé (*Gênesis* 8:21), concedeu aos homens todos os animais que se movem e possuem vida (*Gênesis* 9:2) como alimento, apesar de já proibir o consumo de sangue.

Foi também após o dilúvio que o homem conheceu o vinho e seu primeiro "porre". Noé plantou a vinha, colheu a uva, fez o vinho e o bebeu bem bebido (*Gênesis* 9:21).

Vinho e bebedeira, que, aliás, na história de Lot, vão ser pano de fundo de um dos momentos mais escabrosos da história bíblica (*Gênesis* 19:31 a 38).

Mais à frente, serão diferenciados os animais puros dos impuros, bem como feitas restrições ao consumo de gordura (*Levítico* 7:23-24) e até à glutonice (Provérbios 23:2).

Na chegada à Terra Prometida, foram introduzidos o leite e o mel; na verdade, tratava-se do equilíbrio entre o carboidrato (mel) e a proteína (leite).

Aliás, uma leitura genérica do texto sagrado nos leva a uma sensação de que seu autor preferia uma dieta mais vegetariana e menos carnívora. A carne é mais reservada aos sacrifícios, festas, visitas e oferendas. Há todo um código contra impureza a ser respeitado, restrições diversas a seu consumo, como não misturar carne com leite; enfim, tudo leva a crer numa forte preferência pelo alto consumo de vegetais.

"Alto lá!", diriam os médicos e nutricionistas. E as proteínas? De onde o homem bíblico tiraria suas proteínas?

Até onde sabemos, o alimento mais completo que o homem conhece é o leite materno, que contém, ou deveria conter, tudo o que um ser humano necessita para ter uma alimentação 100% equilibrada.

Pois bem, pasmem: apenas 1,5% de seu total consiste realmente em proteína, ou seja, um bom prato de brócolis tem mais proteínas que uma mamadeira!

Em outras palavras, mais uma vez, o "escritor do texto sagrado" nos mostra seu conhecimento da natureza humana, bem como de seu comportamento e de suas necessidades.

Conhecimento este que é consagrado e definitivo, no que tange a dietas, na história de Daniel, que terá sido não apenas o inventor da primeira e bem-sucedida dieta, como também o precursor do método científico com controle de amostragem, 2 mil anos antes de *sir* Roger Bacon.

Em 586 a.C., Nabucodonosor invadiu Jerusalém, destruiu o Templo e levou cativo o povo judeu para a Babilônia, naquilo que se convencionou chamar de primeira diáspora. Dessa época vem a narração do *Livro de Daniel* e sua curiosa dieta:

O grande Nabucodonosor pretendia converter os jovens judeus aos costumes e à religião locais, ordenando ao chefe dos eunucos, Aspenaz, que lhes desse nomes babilônicos e os alimentasse com o melhor de sua cozinha e seus melhores vinhos, corrompendo assim sua mente e seus costumes.

Daniel e três de seus amigos, Hananias, Misael e Azarias, recusam-se a aceitar seus novos nomes, Beltessazar, Sadraque, Mesaqu e Abede-Nego, e principalmente a comida e o vinho.

Após muita conversa com Aspenaz, que temia ter sua cabeça cortada por causa dos quatro rebeldes, combinaram fingir aceitar seus nomes e fizeram um trato com o cozinheiro real.

Durante dez dias receberiam apenas legumes e água. Se, ao cabo dos dez dias, não estivessem em condições melhores que os outros jovens, não criariam problemas a Aspenaz e ao cozinheiro.

Passados os dez dias e comparados ao grupo de controle, estavam muito mais saudáveis e corados que os outros jovens, ficando assim isentos da comida impura e do vinho e sendo levados à presença do rei como sábios. Todos sabemos o resto da história, e, quando os persas chegaram e Nabucodonosor já tinha morrido, louco, lá estava Daniel, aguardando Ciro.

Estudando-se o que comiam os caldeus na época, é de presumir que Daniel e seus amigos tenham rejeitado carneiro temperado com muita cebola, alho-poró e algumas ervas, bem como, possivelmente, galinhas, pombas ou tordas, sempre assados ou fritos em gordura animal.

Provavelmente alguns peixes do mar eram comidos, mas não com frequência, e em geral grelhados direto no fogo. Tudo sempre com pouco sal, embora ele já fosse bem conhecido. A pimenta também já era utilizada e apreciada.

Devem também ter recusado vinhos de alta graduação alcoólica, que eram bebidos diluídos em água ou misturados com ervas.

No entanto, devem ter comido lentilha, trigo e cevada, sempre cozidos, em papas ou em farelo, apenas temperados com sal e uma ou outra erva. Eventualmente, também nabos ou abóboras ensopados ou em purê. Faziam-se conservas, mas acredito que, pelas restrições ao vinho, Daniel e seus amigos não as experimentaram.

A dieta babilônica já incluía folhas verdes e frutas, mas o texto do livro de Daniel refere-se exclusivamente a uma dieta de legumes. Fica aqui, então, uma sugestão bíblica, para uma dieta, que vai deixá-lo(a) mais saudável e mais corado(a)...

Diversos estudos médicos e sociológicos têm abordado essa inclinação do texto sagrado por uma dieta vegetariana. Pouco se concluiu das razões que levaram a essa conduta. No entanto, sabe-se que povos nômades teriam como base de sua dieta os vegetais e o leite e seus derivados, mas, naturalmente, consumiam carne. Ao aceitar-se o dilúvio como um fenômeno universal, supõe-se ter havido uma mudança de hábitos alimentares, uma vez que, com toda a vegetação destruída, o homem teria de servir-se um pouco mais da caça para alimentar-se.

Entretanto, toda a constituição biológica e física do homem o prepara para ser onívoro; graças a seus bons dentes caninos e a seu excelente sistema digestório e enzimático, ele é apto a consumir carne duas vezes ao dia, por maiores danos que esse hábito cause a longo prazo.

Será que o "autor" do texto bíblico já sabia de tudo isso?

Como sempre, muito provavelmente, sim...

A DISCRETA FALTA DE CHARME
DA CULINÁRIA DE HOLLYWOOD

Nem só de caviar vivem e viveram os astros e as estrelas
que brilham e brilharam na constelação do cinema.

O glamour do cinema e seus semideuses chega a nós, míseros mortais, pelos ecos da mídia. Somos bombardeados com narrações e delirantes imagens de suas casas, festas, roupas, viagens e... suas fabulosas e fantásticas refeições.

Mas será que é, ou sempre foi, assim mesmo? Será que todo dia tem champanhe no café da manhã, ostras no almoço e caviar no jantar?

Uma rápida pesquisa nas biografias e histórias de Hollywood vai mostrar aos leitores que as coisas não são bem assim. Manter aqueles corpos bonitos tem um preço. Filmar doze horas por dia tem um preço. Sair do nada para chegar ao estrelato tem um enorme preço, e quase todos os astros e estrelas pagaram ou pagam caro por isso.

O champanhe, as ostras e o caviar são bem menos frequentes do que nos fazem crer a mídia e os nossos sonhos.

Mas comecemos com bastante charme: em 1929, a Academia resolveu fazer sua primeira premiação, numa festa que o passar dos anos tornaria antológica. Tudo foi feito com muito esmero para recepcionar, no dia 16 de maio daquele ano, 270 convidados no Blossom Room do Hollywood Roosevelt Hotel para um exclusivo jantar em que seriam anunciados os melhores de 1927 e 1928.

O esquema furou de início, quando o *Los Angeles Times* publicou, no dia anterior, que *Asas* era o filme vencedor, Emil Jannings, o melhor ator, e Janet Gaynor, a melhor atriz. A cerimônia durou espantosos 15 minutos, e depois foi servido o requintado jantar:

> *Terrapin soup*
> *Jumbo squab Perigeaux*
> *Lobster Eugenia*
> *L. A. salad*
> *Fruit supreme*

Terrapin é uma tartaruga bastante comum nos Estados Unidos, parecida com nosso tracajá amazônico, da qual se fazia um requintado creme com *sherry*.

Jumbo squab é nossa conhecida rolinha, só que em tamanho grande, quase um pombo, que nesse jantar foi servida grelhada com molho de trufas negras.

A lagosta, do Maine, é claro, foi servida com um pesado molho *rosé*, enfeitada com abacates e alcaparras.

A *L. A. salad* existe até hoje no cardápio do hotel. Trata-se de uma seleção de alfaces verdes e crocantes com queijos e tomates-cereja.

Já a *Fruit supreme* era uma torta de frutas e creme, servida com calda quente de baunilha.

Pulemos para 1955, quando a linda Grace Kelly convidou uma de suas melhores amigas para um almoço e uma grande fofoca: iria casar-se com o príncipe de Mônaco! O cardápio, como sempre, foi frugal:

Salada verde
Sanduíches de frango grelhado
Chá gelado

Em 1960, durante as filmagens de *O Vento Será Tua Herança*, Kate Hepburn preparou o jantar predileto de Spencer Tracy, para ele e para o diretor do filme, Stanley Kramer:

Salada mista
Filé-mignon grelhado
Sundae de chocolate

Também em 1960, durante as filmagens de *Adorável Pecadora*, o casal Marilyn Monroe e Arthur Miller ficou no apartamento ao lado do coastro do filme, Yves Montand, e de sua mulher, Simone Signoret.

Simone costumava cozinhar para os quatro, e as sobremesas e bebidas eram pedidas no *room service* do hotel. Um dos cardápios mais frequentes era:

Espaguete com polpetas (bolinhos de carne)
Salada verde
Bombas de creme

E para beber: Château Lafite-Rothschild e... leite.

O fotógrafo Tom Kelly conta em suas memórias que as sessões de fotos com Marilyn só admitiam um único prato, no almoço e no jantar, a pedido da então aspirante a atriz: *Chilli* com pouca pimenta.

Já o casal 20 de Hollywood, Elizabeth Taylor e Richard Burton, costumava passar idílicos fins de semana no castelo dos Rothschild, na França. Nem por isso descuidavam da dieta nos jantares:

Caldo de galinha e vegetais
Queijos diversos

Nozes com passas
Figos, bergamotas, laranjas e maçãs

Em 1946, procurando locais para um novo filme, John Wayne acabou conhecendo sua segunda esposa, Esperanza Baur, durante um almoço em que foram servidos:

Salada de palmito
Espetinhos de carne
Picarones *(massa frita de batata-doce com melaço)*

Mae West, a bomba loira, declarou em sua biografia que, por anos, seu jantar, não por opção, mas porque era o disponível, após ensaios de *vaudeville* no porão de sua casa, era:

Eisbein
Chucrute
Coca-Cola

As antológicas frases de Mae ficaram para a história; por exemplo: "Adoro a censura, fiquei rica por causa dela", "Você está feliz em me ver ou isso no seu bolso é um revólver?" (pergunta feita a um colega), "Entre dois pecados, sempre escolhi aquele que ainda não tinha cometido" ou, falando sobre um ex-marido, "Sua mãe deveria tê-lo jogado fora e guardado a cegonha".

Agora, um momento maior da história universal: os Beatles estavam nos Estados Unidos e foram conhecer Elvis Presley na noite de 27 de agosto de 1965, num jantar sobre o qual existem inúmeras versões a respeito do que foi conversado e cantado. Um dos pontos altos do encontro teria sido quando John Lennon, Paul McCartney e Elvis uniram forças em uma versão improvisada de "You're My World", que, apesar de ser uma canção italiana, ficou famosa na voz da cantora Cilla Black, na época da invasão britânica. Não existe, todavia, dúvida nenhuma sobre o cardápio preparado pelo cozinheiro de Elvis:

Fígados de frango ao bacon grelhados
Almôndegas com molho agridoce
Ovos recheados (Deviled Eggs)
Salada de caranguejo (Cracked Crab)
Frios sortidos
Frutas e queijos

Voltemos ao passado, para uma típica refeição dos apaixonadíssimos Humphrey Bogart e Lauren Bacall em seu começo de vida juntos, ainda num apartamento em Los Angeles, por volta de 1945. A diva de *O Espelho Tem Duas Faces* cozinhou pessoalmente para o astro de *Casablanca*:

Torta de frango com legumes
Guacamole com tortillas
Dry Martinis, *para acompanhar*

O controverso Mel Gibson não só tem uma maneira esquisita de pensar como também de comer. Contam alguns colegas que, durante as filmagens de *O Patriota*, seu jantar era, invariavelmente, dia após dia:

New York Steak, *bem passado*
Creme de espinafre
Água mineral

Falando novamente de Elvis Presley, lembremo-nos da memorável noite em que ele, apaixonadíssimo, levou Natalie Wood (que na época tinha 17 anos) para conhecer sua mãe, em um jantar tipicamente sulista, dito especial:

Tender assado com ervilhas
Batatas assadas com melaço
Milho cozido
Mingau de milho nativo (Hominy Grits)
Biscoitos doces de milho (Corn Pone Biscuits)

As duas, diga-se de passagem, se detestaram, e o romance/futuro casamento acabou na noite do jantar.

Quando fazia uma pesquisa sobre as *delis* de Nova York, achei um depoimento sobre os jantares semanais que George Burns e Cary Grant faziam. O cardápio era sempre o mesmo:

Cozido de carne para George Burns
Ovos poché *com torradas para Cary Grant*
Uma porção extra de bacon para cada um

Como vimos, a vida culinária dos astros e estrelas nem sempre foi ou é tão glamorosa assim. Esse sucesso todo tem um preço, que passa pelas refeições. Além do que, cá entre nós, não dá para comer caviar e lagosta todo dia. Um bom bolinho de carne da *mamma* ou um cozidinho bem quente têm lá seu enorme charme e seu inegável sabor de comida gostosa, caseira e benfeita, que o sucesso e o dinheiro não apagam.

Como começamos com glamour, vamos terminar também com ele: Barbra Streisand e Omar Sharif, durante as filmagens de *Funny Girl – A garota genial*, faziam, à noite, a leitura do *script* para o dia seguinte na suíte de hotel de Sharif, e encomendavam do *room service* sempre o mesmo cardápio:

Caviar sevruga
Ostras frescas
Champanhe Dom Pérignon

A vida sempre tem dois lados...

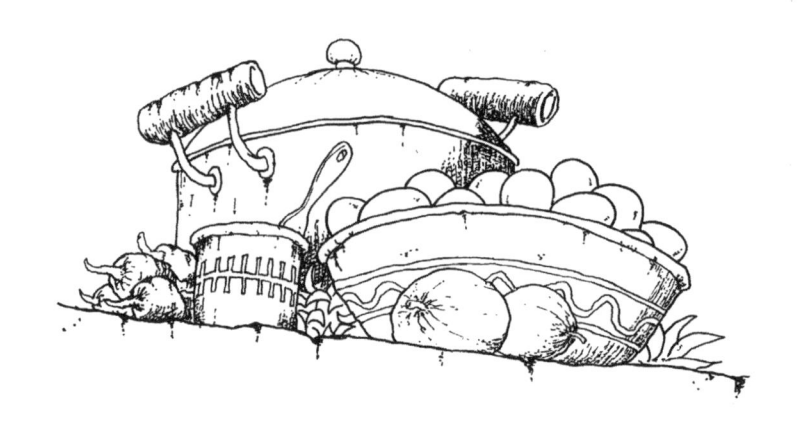

A MESA É A ALCOVITEIRA DA AMIZADE

(Eça de Queirós)

O genial Eça de Queirós foi um amante da boa mesa, estudioso da gastronomia histórica e intransigente defensor da legítima culinária portuguesa.

Eça nasceu em Póvoa de Varzim, no dia 25 de novembro de 1845. Fruto indesejado de uma relação extraconjugal de seu pai, acabou afastado de sua mãe e rejeitado por ela, o que se refletiu intensamente em suas personagens femininas, quase sempre símbolos da luxúria e dispostas a casos e relações perigosas.

Do Eça literário, muito já se falou e se escreveu. Agora, trataremos do Eça culinário e gastronômico, do fundador da Confraria dos Vencidos da Vida e seus jantares memoráveis, do autor que, em sua vasta obra, cita jantares 560 vezes, almoços, 232, e ceias, 176.

Obras clássicas que acompanharam nossa juventude, como *O Crime do Padre Amaro* (1875), *O Primo Basílio* (1878), *Os Maias* (1888) e *A Cidade e as Serras* (publicado, postumamente, em 1901), estão repletas de passagens e referências culinárias e gastronômicas.

No jantar do Hotel Central (em *Os Maias*), a tensão de uma iminente invasão espanhola é dissipada pelo aroma de um maravilhoso *Poulet aux champignons*. O possível advento da República ainda está longe o suficiente para "ainda nos dar tempo de comermos estes belos *Ovos queimados...*", e o discurso a respeito da maneira aviltante como a África está sendo explorada é interrompido pela chegada do *Jambom aux épinards*.

O episódio do peixe encalhado em *A Cidade e as Serras* é um dos momentos antológicos da obra de Eça:

> Uma refeição especial é organizada por Jacintho para dignificar um raro peixe apenas encontrado na Dalmácia. Acontece que o prato fica retido no monta-cargas entre a cozinha e o quarto 202 do hotel. Todos correm para admirá-lo pelo poço do elevador: "Na treva, sobre larga prancha, o peixe precioso alvejava, deitado na travessa, ainda fumegando, entre rodelas de limão...".
> Tentam pescá-lo, alçá-lo, mas tudo em vão. Concluem que foi mais divertido tentar pescá-lo do que comê-lo.

O jantar do abade de Cortegaça (em *O Crime do Padre Amaro*) faz uma apologia ao caldo de galinha, lá chamado de *cabidela*, cuja invenção é atribuída ao próprio abade, "um divino artista...".

Cabe aqui lembrar que a cabidela de lá é o que chamamos de Canja, e o que aqui chamamos de Galinha cabidela era chamado em Portugal de Galinha pica no chão.

Dois aspectos chamam a atenção. De um lado, todos os pratos elogiados pelos presentes (principalmente os aristocratas) às refeições queirosianas são sempre da tradicional culinária portuguesa, em oposição aos chefs franceses importados pela corte e famosos em Portugal. Devemos nos lembrar de que *O Cozinheiro Moderno ou Nova Arte de Cozinhar*, do francês radicado em Portugal Lucas Rigaud – que foi chef do palácio de dona Maria I e teve muita importância na gastronomia brasileira, em razão dos quatro anos que viveu no Brasil –, foi lançado em 1785 e revolucionou a culinária portuguesa: "...chefs estrangeiros confeccionam pratos lúgubres, traduzidos do francês para o calão como as comédias do Ginásio...".

De outro, as discussões e conversas ao redor da mesa dominam o texto de Eça, no qual momentos cruciais da história sempre acontecem durante uma refeição ou imediatamente antes ou depois dela. Esse é um ponto importante da visão de Eça acerca da culinária e do ato de comer.

O autor foi um estudioso de gastronomia da Antiguidade. Apesar de nunca ter vindo ao Brasil, seu mais importante texto sobre culinária foi publicado primeiro aqui. As edições de 13, 14 e 15 de maio de 1839 da *Gazeta de Notícias*, do Rio de Janeiro, publicaram três crônicas que compõem a magistral *Cozinha Arqueológica*, um delicioso e completo relato da gastronomia nos impérios grego e romano.

Como não poderia deixar de ser, o texto tem como base a magistral obra *Os Deipnosofistas*, de Ateneu de Náucratis, graças à qual muito do que conhecemos da Grécia e de Roma foi preservado.

Eça dava grande importância ao *symposium*, reuniões de intelectuais que, na Grécia, se realizavam após as refeições, nas quais se discutia muita filosofia e história. Pois é no modelo do *symposium* que se baseiam os personagens de nosso autor português, bem como seus diálogos e discussões à mesa.

Cozinha Arqueológica é uma das poucas fontes que citam os sete supostos deuses cozinheiros gregos, a saber: Agis de Rodes (cozinheiro especializado em peixes, que ensinou o homem a combiná-los com o orégano, o cominho e o azeite); Nereu de Quio (o mago dos cozidos, que ensinou ao homem a arte do guisado); Lamprias (inventor do caldo negro que alimentava os espartanos – aparentemente uma mistura de sangue, miúdos de porco e cebola, de gosto e cheiro insuportáveis); Apctonetes (que conseguiu embutir o caldo negro em intestinos de boi, inventando a morcela e todos os embutidos); Euthynus (que ensinou os homens a cozinhar e comer legumes e vegetais); Arístion (que sabia destinar um prato para cada convidado), e, finalmente, Caríades de Atenas (inventor da misteriosa *Thrion branca*, que não se sabe ao certo o que terá sido).

Certamente não foram deuses, mas suas lendárias histórias ocuparam muito do imaginário grego, a ponto de serem citados em *Os Deipnosofistas*.

Agora, em flagrante delito autoral, uma amostra grátis da *Cozinha Arqueológica*:

A comezaina foi, entre os helênicos, um poderoso fator social, quase uma questão de Estado. [...]

O Pártenon, a Vênus de Milo e as Anacreônticas dão menos ideia da doçura, da graça, da delicadeza, da leveza dos atenienses, do que aquela sua sobremesa tão predileta e que consistia em maçãs cozidas, desfeitas em mel e depois recozidas com pétalas de rosas. [...]

Platão não duvidou de equiparar a culinária à oratória e num de seus diálogos magníficos envolve nos mesmos louvores os que guisam e os que apresentam boas ideias, os pensamentos e os alimentos. [...]

De Sófocles temos as Tragédias; de Teócrito, as Éclogas. Mas onde, por D'us, estão os molhos de Apctonetes?

Não se furtou o autor a incluir receitas:

Pois eu sei como se cozinhava um jantar em Atenas, sob os Antoninos. O peixe, por exemplo, pode ser uma tainha. E aqui está como ela se prepara, ó estudiosos. Tomai esta tainha. Escamai e esvaziai. Preparai uma massa bem batida, com queijo (que hoje pode ser parmesão), azeite, gema de ovo, salsa e ervas fragrantes, e recheai com ela a vossa tainha.

Untai-a então com azeite e salpicai-a de sal. Em seguida assai-a num lume forte. Logo depois de bem assada e alourada, umedecei-a com vinagre superfino. Servi — e louvai Netuno, o deus dos peixes.

Ao contrário da maioria dos críticos, ainda acho *A Cidade e as Serras* uma das melhores obras de Eça de Queirós. No entanto, na modesta opinião deste cozinheiro, sua obra magna é este opúsculo de apenas trinta páginas, mas de conteúdo infinito e de saberes ilimitados, que é a *Cozinha Arqueológica* – uma ode de amor à culinária, um hino de louvor à gastronomia.

A REVOLTA DA CARNE *CASHER* DE 1902

Sempre que pensamos nos judeus dos Estados Unidos, vêm-nos à mente os famosos 23 judeus fugidos de Recife (10 adultos e 13 crianças) que chegaram à então Nova Amsterdã em 1654, e acabamos por racionalizar a história, restringindo os judeus a Nova York.

Poucos sabem que a maior população judaica dos Estados Unidos, por volta de 1830, estava em Charleston, na Carolina do Sul.

Já em 1790, o presidente Washington escreveu, numa carta à comunidade judaica de Newport, Rhode Island:

> *Que os filhos de Abraão que habitam esta terra continuem a merecer e apreciar a amizade dos seus conterrâneos. E que todos possam sentar-se com segurança sob seus próprios vinhedos e figueiras e que não haja ninguém para causar-lhes medo.*

Washington e Jefferson estiveram em Newport para promover a adoção da Declaração de Direitos, e seu contato com a comunidade judaica foi intenso, resultando nessa carta.

Diga-se de passagem que Newport tem a sinagoga, ainda em atividade, mais antiga dos Estados Unidos, a bela Touro Synagogue, de 1763, fundada pelo rabino Isaac Touro, vindo em 1758 da Holanda para cuidar da comunidade da cidade que lá se iniciou em 1658, com judeus *sefaradi* vindos das Antilhas Holandesas.

Outras cidades, como Savannah (Geórgia), Charleston (Carolina do Sul), Filadélfia (Pensilvânia) e Baltimore (Maryland), chegaram a concentrar praticamente toda a população judaica do país até o final do século XVIII.

Agora, estabelecidas as raízes históricas, podemos voltar aos judeus de Nova York. Pois bem, corria o mês de maio de 1902, e o oligopólio dos atacadistas de carne *casher* de Nova York resolveu, do nada, aumentar o preço do *pound* (453 gramas) de carne de US$ 0,14 para US$ 0,18.

Nessa época, em que os ditos oligopólios começavam a experimentar seu poder, tais aumentos, embora exorbitantes, eram relativamente comuns.

A reação dos pequenos açougues *casher* do Lower East Side foi suspender as vendas na cidade para forçar a queda de preços, mas eles não resistiram ao poderoso lobby. Aos consumidores não restou alternativa senão comprar a carne por um alto preço, ou ficar sem ela.

Ocorre que, também nessa época, as mulheres norte-americanas igualmente começavam a testar seu poder com movimentos como o sufragista e o trabalhista.

Influenciadas por esse clima, no dia 14 de maio de 1902 donas de casa do Lower East Side fizeram uma passeata nas ruas contra o aumento. Sabe-se que as líderes foram Sarah Edelson, dona de um pequeno restaurante, e Fanny Levy, esposa do fabricante de relógios do bairro. Tudo se iniciou com uma mobilização para impedir que as mulheres comprassem carne ao novo preço.

Os jornais do dia 15 de maio de 1902 noticiaram que o pequeno movimento redundou em 20 mil mulheres caminhando em passeata pelas ruas do Lower East Side, invadindo os açougues e "confiscando" a carne *casher*, que foi queimada nas ruas. A multidão tomou também a carne das mãos das poucas mulheres que se atreveram a comprá-la.

O *New York Herald* escreveu:

> (...) *uma enorme multidão, praticamente composta só de mulheres (...), armadas de garfos, palavras de ordem e unhas afiadas (...). Uma senhora reclamou que seu marido estava doente e precisava comer carne, ao que uma das grevistas lhe respondeu que, no seu* shtetl *de origem, o rabino tinha afirmado que pessoas doentes poderiam comer carne não* casher *e que ela tinha a obrigação de aderir ao boicote.*

Ao final do dia, a polícia havia prendido 85 manifestantes, 70 deles mulheres. O *Herald* escreveu ainda que:

> (...) *as ferozes mulheres tiveram de ser empurradas e jogadas ao chão pela polícia, que não conseguia contê-las. (...) Uma das mulheres, que estava sendo empurrada por dois policiais, respondeu estapeando-os na face com um belo pedaço de fígado de boi...*

A imprensa ídiche apoiou o protesto. O jornal *Forward* teve a seguinte manchete de capa: "Bravo, bravo, bravo, Jewish women!".

Já o conservador *The New York Times* comentava que tais protestos tinham de ser reprimidos, especialmente porque essas mulheres eram "muito ignorantes e apenas falavam uma língua estrangeira...".

A imprensa econômica abriu matérias sobre o poder dos trustes da época, principalmente nas áreas de óleo e aço. O sisudo *Times*, apesar de se posicionar contra o movimento, alertava que esses distúrbios deveriam dar ao Beef Combine (o truste da carne) motivos para não dormir e pensar melhor no que estava fazendo e, enfatize-se, que esse movimento era o mais significativo ocorrido até então no país.

O boicote alastrou-se para o Brooklyn, Harlem, Newark, Boston e Filadélfia.

Alcançou as sinagogas, onde as mulheres chegaram a pedir aos rabinos que endossassem do púlpito o boicote e, em alguns casos em que não foram atendidas, invadiram as *Bimot*, em pleno *Shabat*, a fim de defender o movimento. Uma anônima discursante defendia em uma sinagoga da Filadélfia a tese de que era chegada a hora de os homens assumirem a liderança doméstica, por direito divino: "Usem o poder que lhes foi conferido por D'us ao dizer 'E ele vai reinar sobre ela...' e impeçam suas mulheres de comprar carne *casher*!".

No dia 22 de maio, todos os açougues *casher* da cidade aderiram ao boicote, e, no dia 27, os líderes ortodoxos, que até então não tinham se manifestado, endossaram o movimento.

No dia 9 de junho, o preço do *pound* da carne voltou ao bom e velho US$ 0,14 e, naquela semana, o Lower East Side voltou a comê-la.

Estudiosos são unânimes em afirmar que o boicote de 1902 foi a primeira demonstração da consciência política e social da mulher judia norte-americana.

Em sua maioria, as manifestantes nem cidadãs americanas eram ainda, mas já tinham vivido o suficiente em países onde lhes faltara a liberdade e agora nos Estados Unidos, onde aprenderam o que eram direitos civis.

O boicote à carne *casher* resultou em outros movimentos, como os dos aluguéis em 1904, 1907 e 1908, e naqueles contra os preços de alimentos em 1907, 1912 e 1917. A história mostrou-nos, anos depois, que muitas filhas de mães que participaram desses movimentos acabaram por ser a gênese do movimento trabalhista em Nova York, provando assim que liberdade e cidadania são as melhores raízes para o progresso e o desenvolvimento.

A ÚLTIMA CEIA DO TITANIC

Na manhã do dia 14 de abril de 1912, exatamente às 5 horas da manhã, os mais de 60 chefs e assistentes, bem como um turno de 72 homens de cozinha, iniciavam sua jornada diária para preparar as refeições das 2.228 pessoas a bordo, sendo 885 tripulantes e 1.343 passageiros (337 na primeira classe, 285 na segunda e 721 na terceira) do R.M.S. Titanic, orgulho da indústria naval da época em sua viagem inaugural.

Eram 46.328 toneladas de ferro e aço com o que havia de mais luxuoso na época, nove deques espalhados por 54 metros de altura e 268 metros de comprimento; 29 caldeiras consumiam 825 toneladas de carvão por dia para impulsionar os dois motores e quatro turbinas do navio; havia 840 cabines, divididas em 416 de primeira classe, 162 de segunda e 262 de terceira, mais 40 dormitórios coletivos.

Construído ao custo de US$ 7,5 milhões, algo como US$ 400 milhões hoje, cobrava-se coisa de US$ 4.350 (em torno de US$ 70 mil atualmente) por uma suíte, passando por US$ 150 (US$ 2.400 atuais) por uma cabine de primeira classe, US$ 60 por uma de segunda e US$ 40 por uma de terceira classe. Apenas para referência, um mestre soldador que trabalhou na construção do navio ganhava US$ 10 por mês.

Por esse preço, além das cinco refeições por dia, o passageiro encontrava a seu dispor: ginásio com esteiras, bicicletas estacionárias e, novidade para a época, um cavalo elétrico. Além disso, lá estavam a primeira piscina aquecida jamais construída em um navio, banhos turcos e quadra de *squash*, bem como duas barbearias (uma exclusiva para a primeira classe, com os primeiros *dispensers* automáticos para xampu da época); salas de fumantes exclusivas para os homens, apenas para os passageiros de primeira e segunda classes; biblioteca de 2 mil volumes, com respectiva sala de leitura; o Parisien Café, com garçons vindos da França; o Veranda Café, com palmeiras-reais em sua decoração; luz elétrica e aquecimento em todas as cabines (o único navio da época a oferecer tais recursos); quatro elevadores elétricos, os primeiros a ser instalados em um navio (três para a primeira classe e um para a segunda); enfermaria com dois médicos e quatro enfermeiros, equipada para operações de emergência; central telefônica elétrica para intercomunicação entre cabines (também o primeiro navio a oferecer tal recurso); e restaurante *à la carte* exclusivo para a primeira classe e com acesso apenas mediante reservas.

Em seu rol de bagagens extraordinárias, constavam, entre outros:

. 1 Renault 35 HP, do senhor William Carter;

. 1 máquina de fabricar geleias, da senhora Edwina Trout;

. 1 quadro de Blondel, "La Circassienne au Bain", do senhor Hokan Bjrnstron-Steffanson;

. 7 Torot do senhor Hersh L. Sielbald;

. 50 caixas de pastas de dentes, de Park & Tilford;

. um baú de porcelanas raras da Tiffany;

. 5 pianos de cauda;

. 1 cópia única do livro *The Rubayyat*, de Omar Khayyam. A encadernação era de folhas de ouro, com 1.500 pedras preciosas;

. 4 baús de ópio; e

. 3.364 sacolas de correio e 800 sacolas de malotes e cartas registradas.

Voltando aos nossos cozinheiros, eles preparavam comida para abastecer os três salões de refeições: só o da primeira classe tinha 970 metros quadrados, acomodando em sua movelaria e decoração Empire e Regency 554 pessoas, além dos bares, cafés e quiosques. O restaurante *à la carte*, conhecido como Ritz, embora esse não fosse seu nome, tinha sua própria equipe, sob o comando do chef Rousseau e do *maître* Luigi Gati, este último contratado a peso de ouro para sair do afamado Ritz de Londres.

Todo esse exército de cozinheiros e assistentes tinha à sua disposição o seguinte rol de suprimentos:

. 33.750 QUILOS DE CARNE FRESCA

. 4.950 QUILOS DE PEIXE FRESCO

. 1.800 QUILOS DE PEIXE SECO

. 1.221 BARRIS DE OSTRA FRESCA

. 3.375 QUILOS DE BACON E PRESUNTO

. 11.250 QUILOS DE FRANGO E PATO

. 40.000 OVOS FRESCOS

. 1.125 QUILOS DE LINGUIÇA

. 40.000 QUILOS DE BATATA

. 1.575 QUILOS DE CEBOLA

. 1.575 QUILOS DE TOMATE

. 800 MAÇOS DE ASPARGOS FRESCOS

. 1.125 QUILOS DE ERVILHA FRESCA

. 7.000 CABEÇAS DE ALFACE

. 450 QUILOS DE MIÚDO DE VITELA

. 788 QUILOS DE SORVETES DIVERSOS

. 990 QUILOS DE CAFÉ

. 360 QUILOS DE CHÁ

. 4.500 QUILOS DE ARROZ E FEIJÃO

. 4.500 QUILOS DE AÇÚCAR

. 250 BARRIS DE FARINHA

. 4.500 QUILOS DE CEREAIS MATINAIS

. 56.000 MAÇÃS

. 36.000 LARANJAS

. 16.000 LIMÕES

. 450 QUILOS DE UVA

. 13.000 TORANJAS

. 504 QUILOS DE GELEIA

. 5.670 LITROS DE LEITE

. 300 LITROS DE CREME DE LEITE

. 2.268 LITROS DE LEITE CONDENSADO

. 2.700 QUILOS DE MANTEIGA

. 15.000 GARRAFAS DE CERVEJA

. 1.000 GARRAFAS DE VINHO

. 850 GARRAFAS DE DESTILADOS

. 1.200 GARRAFAS DE ÁGUA MINERAL

. 8.000 CHARUTOS

Com essas matérias-primas, produziu-se o cardápio que a seguir reproduzimos.

O cardápio do salão da primeira classe é exatamente o servido na última e trágica noite do navio, que, por ser impresso, pôde ser recuperado. Muitas das receitas são originais, outras são recriações com base em costumes e ingredientes da época.

O serviço de mesa era todo composto de baixelas de prata, levadas por carrinhos a cada mesa por um garçom e um cumim, que serviam à francesa cada uma das opções.

Não havia *sommelier* a bordo, e os garçons sugeriam o vinho conforme o cardápio e a opção do cliente.

❧ Hors d'oeuvre ❧

O cardápio original não especificava o tipo de canapé; então foi escolhido o L'Amiral, por ser um clássico da White Lines, proprietária do navio.

Canapés à la Amiral — Canapés feitos de finas fatias de baguete torradas com manteiga de camarão e fatias de limão.

Oysters à la Russe — Ostras frescas servidas com um molho de vodca, raiz-forte, cebolinha e limão.

Vinhos: Bordeaux branco, Burgundy branco e Chablis para as ostras.

❧ Sopas ❧

Era um costume da época oferecer um caldo claro e um creme como opções para um jantar de cerimônia.

Consommé Olga — Seria um *consommé* normal, não fosse o ingrediente secreto chamado vésiga, a espinha dorsal do esturjão, que era hidratada por cinco horas e depois cozida por mais três, para soltar seu sabor e sua consistência gelatinosa.

Cream of Barley Soup — Sopa cremosa de cevada temperada com uísque.

Vinhos: Madeira ou Sherry.

❧ Peixes ❧

Não eram frequentes os pratos de peixe em navios da época, possivelmente por problemas de conservação.

Poached Salmon with Mousseline Sauce — Posta de salmão cozida com molho holandês batido com creme.

Vinhos: branco seco do Reno ou Moselle.

❧ *Entrées* ❧

Ao contrário de hoje, as *entrées* em navios eram pequenas porções em que os chefs mostravam suas grandes especialidades.

Filet Mignon Lili — A quintessência do período eduardiano, um medalhão de filé grelhado, coberto por fatias de *foie gras* e trufas, servido sobre um leito de batatas Anne (uma camada de batatas cortadas em fatias finíssimas e assada na manteiga até dourar).

Chicken Lyonnaise — Frango cozido longamente num molho de cebola, alho, vinho branco e tomilho. Considerado um dos pratos mais saborosos do menu.

Vegetable Marrow Farci — Um tipo de abobrinha muito raro (*marrow squash*), encontrado na Europa por quatro a cinco semanas durante o ano, recheada com uma mistura de arroz, cogumelos e ervas.

Vinho: Bordeaux tinto.

❧ *Removes* ❧

Na realidade, os pratos principais do jantar, os mais pesados, normalmente as maiores porções.

Lamb with Mint Sauce — Pernil de carneiro assado e depois cozido em vinho tinto, acompanhado de molho de hortelã fresca.

Calvados-Glazed Roast Duckling with Applesauce — Pato inteiro assado com glacê à base de Calvados com purê de maçã.

Roast Sirloan of Beef Forestière — Filé-mignon assado em peça com molho à base de champignons, vinho e cebola.

Château Potatoes — Batatas cortadas em formato de joias, assadas na manteiga.

Minted Green Pea Timbales — Pudim de clara, ervilha e hortelã, assado em banho-maria.

Creamed Carrots — Purê de cenouras cozidas com canela.

Boiled Rice — Arroz.

Parmentier and Boiled Potatoes — Batatas cozidas e assadas.

Vinhos: tinto Burgundy ou Beaujolais.

❧ **Punch** ou *Sorbet* ❧

Punch Romaine — Receita imortalizada por Escoffier, um *sorbet* de sucos cítricos e champanhe.

❧ *Roast* ❧

O costume de servir um assado depois do *sorbet* é típico da era eduardiana. Normalmente é uma caça.

Roasted Squab on Wilted Cress — Perdiz assada com molho madeira e manjericão, servida em um leito de brotos de agrião.

Vinho: tinto Burgundy.

❧ **Saladas** ❧

Escoffier introduziu o hábito de servir saladas depois do assado. As saladas nunca eram servidas com outros pratos, principalmente carnes.

Asparagus Salad with Champagne-Saffron Vinaigrette — Salada de aspargos frescos com molho à base de pistilos de açafrão e champanhe, servida em pratos especialmente alongados, com pinças especiais para os aspargos.

❖ Cold dish ❖

O *cold dish* foi um hábito inglês, uma nova pausa na refeição, como a do *sorbet*. Podia também constar de carnes frias ou peru assado frio.

Paté de Foie Gras Celery — Patê de *foie* marinado no vinho Madeira e servido com aipo.

Vinhos: Sauternes ou doce do Reno.

❖ Sweets ❖

Aqui poderia haver uma divisão entre *cold* e *hot sweets*, que seriam servidos separadamente.

Waldorff Pudding — Recebeu esse nome por causa dos ingredientes, os mesmos da salada Waldorff, que fora recém-criada por Escoffier para o hotel americano: nozes, passas e maçãs.

Peaches in Chartreuse Jelly — Pêssegos em calda servidos numa gelatina à base do licor Chartreuse. Vale a pena lembrar que, nessa época, não existia gelatina em pó e esta era feita a partir de ossos, sendo, portanto, um prato muito trabalhoso.

Chocolate Painted Eclairs with French Vanilla Cream — Bombas de creme cobertas por chocolate e acompanhadas de creme de baunilha.

French Vanilla Ice Cream — Sorvete de baunilha.

Vinhos: Moscatel, Tokay ou Sauternes.

❧ *Assorted Fresh Fruits and Cheeses* ❧

Os queijos a bordo eram Cheshire, Stilton, Gorgonzola, Edam, Camembert, Roquefort, St. Ivel e Cheddar.

Vinhos: Sauternes, Champagne e espumantes.

❧ *After Dinner* ❧

Coffee and Cigars — Apenas na primeira classe era servido o café turco; nas outras, o de coador. O café era servido até três quartos da xícara, uma vez que os licores eram colocados diretamente nela. Os homens fumavam seu primeiro charuto no salão de refeições e depois iam para o *fumoir* degustar o segundo charuto e conhaque.

Vinhos: vinho do Porto e cordiais (licores).

AMICI & TARTUFI

Outubro é o mês das trufas brancas de Alba. Nessa época começa a correria milionária pelos preciosos tubérculos.

Tive a oportunidade de provar as trufas da estação e, mais importante, tive a oportunidade de comprovar a tese de que bons amigos são como trufas: raros, difíceis de encontrar, complicados de manter, altamente perecíveis, mas proporcionam um prazer, uma alegria e uma satisfação muito maior que as trufas. Se você tiver a oportunidade, como eu tive, de combinar amigos e trufas, notará que é uma pessoa abençoada e feliz.

Tenho amigos que são meus sócios na vida. Um sócio na vida é aquela pessoa com quem você divide a existência como em uma verdadeira sociedade: problemas, alegrias e tristezas, diversão e trabalho, lucros, dividendos e perdas.

Meus amigos cuidam de mim, assim como tento cuidar deles. Afinal, somos sócios na vida.

Somos dez casais, na faixa dos 55 aos 75 anos. Por um desses milagres da existência, todos seguem casados e estáveis, com suas proles, desde o início. Agora estamos na fase dos casamentos dos filhos e do aparecimento dos netos, prova de que acertamos em nossos erros. A nossa sociedade cresceu, frutificou e gerou dividendos.

Saímos juntos, viajamos juntos, rimos e choramos juntos, e a culinária tem sido um pano de fundo bastante constante em nossas aventuras.

Um de nossos programas preferidos é o "Cine Waki". Reunimo-nos uma vez por mês na casa dos Waki para assistir a um filme e depois devorá-lo, com receitas alusivas ao tema ou à nacionalidade da obra, devidamente pesquisadas e preparadas pela Suely, uma das grandes cozinheiras que conheço.

Pois foi no último Cine Waki que apareceram as trufas brancas, trazidas pelo Gustavo, sempre as novidades do Gustavo. Como num Cine Waki em que ele apareceu com uma bandeja de pastéis da Yokoyama, um sucesso! De volta às trufas, após o cerimonial adequado à rica iguaria, servimo-la em lascas milimétricas sobre um ovo frito no ponto exato, que, por sua vez, foi servido sobre uma torrada.

Bem, até aqui falamos dos amigos, mas agora é a vez das trufas.

São conhecidos 32 tipos de trufas, mas apenas 7 deles são comercializados. Na realidade, para os conhecedores e amantes dos *diamantes da gastronomia* – como as chamou Brillat-Savarin –, existem apenas duas: a trufa negra do Périgord (*Tuber melanosporum*) e a trufa branca de Alba (*Tuber magnatum*). As outras são apenas as outras...

A trufa já era conhecida na mais remota Antiguidade. Velhos textos de 3.500 anos atrás se referiam aos *tabarli*, cogumelos subterrâneos, mas pouco se sabe sobre sua utilização na época. Por volta de 400 a.C., um texto de Teofrasto, o sucessor de Aristóteles na Escola Peripatética, menciona as trufas e seu uso culinário. Já Plutarco foi investigar a origem desses tubérculos e concluiu que eram resultado de rara alquimia do solo úmido atingido por um raio.

Os romanos foram os notórios apreciadores e divulgadores do uso das trufas, mas parece que faziam maior consumo da que hoje é chamada trufa do deserto, a terfez (*Terfezia boulden*), uma variedade menos nobre, bem mais barata, encontrada na Turquia, no Marrocos e no Egito.

Apicius, o grande Apício, em seu *De Re Coquinaria*, fornecia seis receitas de *tuber*, sendo a mais famosa delas um molho em que a trufa era lavada, escovada e depois grelhada suavemente. Era então cozida com *liquamen* (uma espécie de *garum*, molho feito à base de peixe fermentado), *carenum* (mosto de uvas verdes cozido até reduzir seu volume em dois terços), pimenta, vinho e mel.

Maomé disse que as trufas (provavelmente referia-se à terfez) eram um tipo de maná que foi enviado por Alá ao povo de Israel via Moisés e que seu suco era um bom remédio para os olhos (*Sahih Muslim*, livro 23, capítulo 27).

Na Idade Média, elas eram consideradas maquinação do demônio até o papado de Avignon, região próxima do Périgord. Uma vez lá instalados, alguns papas mudaram de ideia quanto às trufas.

O Renascimento marca o reaparecimento das trufas nas cozinhas nobres, em um processo que vai culminar na explosão de consumo do século XVII, em especial na França e na Itália. No século XVIII, surgem as receitas Souvaroff, ou seja, aves assadas, principalmente o faisão e o peru, recheadas com trufas.

Uma frase de Rossini define bem o que foi a culinária da época: "Eu chorei três vezes na minha vida: quando minha primeira ópera fracassou, quando ouvi Paganini tocar violino e quando um peru Souvaroff caiu na água em um piquenique em um barco".

Estabelecida sua história, vamos a elas:

Temos as trufas brancas, que vêm basicamente de Alba, no Piemonte, e em pequeníssimas quantidades da Croácia e da região de Ístria. São encontradas junto a carvalhos, nogueiras e álamos. Seu peso médio é de 250 gramas, podendo ir até 500 gramas e 12 centímetros. Atingem sua maturidade entre outubro e dezembro, chegando a 4 mil euros por quilo.

Umas das recordistas de preço foi uma peça de 1,5 quilo, que foi vendida em 2006 por 160 mil dólares a *sir* Gordon Wu, um milionário de Hong Kong.

Há também as trufas negras do Périgord, que têm tamanho médio de 7 centímetros e peso de, no máximo, 100 gramas. São encontradas junto a carvalhos, nos meses de dezembro a fevereiro. O mercado da cidade de Richerenches, principal bolsa de trufas do mundo, ferve no mês de janeiro, quando o quilo da trufa negra atinge entre 600 e 800 euros.

Ainda são conhecidas a já citada trufa do deserto e a trufa chinesa (*Tuber sinensis*), colhida em massa na China e, por isso, muito barata. É a preferida dos falsificadores de trufas, que injetam extrato daquelas verdadeiras nas chinesas para que estas tenham o mesmo perfume.

Quanto ao que é lenda ou verdade, sobre a colheita das trufas, é verdadeira a história sobre a utilização de porcos para achá-las, mas cabe aqui uma explicação. As trufas, principalmente as brancas, exalam um perfume que é exatamente igual ao androstenol, ferormônio exalado pela saliva dos porcos machos. Daí apenas se utilizarem porcas para a procura das trufas, entre os três meses e um ano de idade. Os animais são conduzidos com uma coleira enforcadora, que é acionada quando acham a trufa, para impedir que a engulam. Razão esta, aliás, por que começaram a ser treinados cães, passando-se extrato de trufa nas mamas da mãe quando são amamentados; assim eles são induzidos a achar apenas os preciosos tubérculos.

Vale lembrar que a França, por volta de 1780, produzia mil toneladas de trufas por ano. Hoje em dia, a produção está em torno de 40 a 60 toneladas por ano, isto é, elas estão cada vez mais raras.

Existem tentativas de cultivo de trufas desde 1847, quando Auguste Rousseau, plantando carvalhos em diferentes níveis de seu terreno, conseguiu uma razoável colheita. Todavia, os fatores aleatórios, unidos à migração rural para as cidades, tornam a iniciativa não econômica.

Em épocas recentes, novas tentativas, na Austrália e na Carolina do Norte, EUA, parecem ter conseguido bons resultados; aguardemos.

Last but not least, temos o azeite de trufas, opção econômica para quem não pode comprar as preciosidades originais, feito originalmente de trufas prensadas. Todavia, artigo no *The New York Times* (de 16 de maio de 2007) denuncia que 80% do azeite de trufas encontrado no mercado norte-americano é azeite de oliva aromatizado com 2,4 dithiapentanol. Os grandes chefs afirmam que, mesmo sendo sintético, é um bom sucedâneo.

Deixo aqui esta homenagem a meus amigos, tão ou mais preciosos e importantes do que as melhores trufas do Périgord e de Alba. Que vocês possam, como eu, dividir muitas dispendiosas trufas com seus também preciosos amigos.

ARS GRATIA ARTIS

"Cozinhar é uma das artes, com a vantagem de que você pode comê-la..."
(Chef Marcella Hazan)

Artes e culinária têm, ao longo da história da humanidade, andado de mãos dadas. Para o homem, comer sempre significou sobrevivência, e, como outros aspectos fundamentais de sua vida, desde eras pré--históricas, comida e culinária foram retratadas em pinturas rupestres, óleos, esculturas, murais e outras formas de representação.

No período compreendido entre a Idade Média e o fim da Renascença, o hábito do mecenato fez artistas e cozinheiros conviver em palácios e cortes, trocando opiniões, receitas e estéticas. Presume-se que o homem habita a Terra há 3 milhões de anos e, curiosamente, o uso do fogo não terá mais de 150 mil anos.

Até usar o fogo, o homem vagou pela Terra à procura de alimentos, sementes e caça, gerando assim novas raças e novas localidades. Foi a necessidade de alimentos que levou a população a se fixar em determinados locais e iniciar a plantação organizada, criando a propriedade privada e as cidades.

As religiões, animistas ou não, sempre tiveram seus ritos de fertilidade ligados à colheita. Deuses e totens antropomorfos garantiam a obtenção de alimento e o protegiam. Apenas como exemplo, o grande poder dos sacerdotes maias era a capacidade de prever quando plantar e quando colher o precioso milho, base da alimentação e da economia desse povo. Alguns deuses, como Shen Nung e Zan Fei, na China, Dionísio, na Grécia, Elíade, na Pérsia, Centetol, entre os astecas, e Yum Kaax, entre os maias, existiram para garantir e ajudar o homem a obter comida.

Outros deuses e santos estavam mais especificamente ligados à culinária, como Zao Jun, na China, que era considerado o senhor dos fogões, e Santa Marta, a padroeira dos cozinheiros.

O relacionamento entre homens e deuses refletiu-se também nas artes e na culinária, seja nas diversas manifestações artísticas que tentavam descrever esse relacionamento, seja no batismo de pratos e preparações ou nas preferências gastronômicas de cada deus; e a culinária do candomblé é talvez o melhor exemplo disso, pois nela cada deus tem seus pratos preferidos e específicos.

Todo esse sincretismo estoura desde fins da Idade Média até o final da Renascença, com pintores e escultores criando obras a respeito da cozinha e chefs e cozinheiros criando pratos que homenageavam artistas e obras.

O exemplo mais nobre e conhecido dessa fusão foi Leonardo da Vinci. No questionadíssimo *Codex Romanoff*, descoberto em 1981, apontamentos de Leonardo versam sobre receitas, modos à mesa, invenções para melhorar a cozinha, ingredientes e utensílios. É a mais pura verdade histórica que Leonardo era um apaixonado pela cozinha, tendo sido mestre de banquetes de Ludovico Sforza, seu mecenas e protetor. Ele até mesmo abriu, em sociedade com Sandro Botticelli, um restaurante, sucessor da taberna Os Três Caracóis, do qual foi chef de cozinha. Tanto a taberna como o novo restaurante não tiveram sucesso pela insistência de Leonardo em oferecer uma cozinha mais light (já naquela época!).

Leonardo aplicou sua genialidade e criatividade também na culinária. Para o casamento de Ludovico Sforza, em 1492, preparou todo um altar com cobertura, uma espécie de *Chupá*, de aproximadamente 60 metros quadrados, feito de marzipã, polenta e massa de confeiteiro, cobertos de creme. Faltou a Leonardo prever a fome dos ratos e insetos de Milão, que na noite anterior ao casamento atacaram e devoraram o altar. Ao gênio de Da Vinci é creditada ainda a invenção do guardanapo e da tampa de panela, como se lê em seu *Codex Romanoff*:

> *"Depois de inspecionar a mesa de meu senhor ao cabo de uma refeição, constato uma situação desoladora que lembra o fim de uma batalha. Creio ter encontrado a solução. Cada convidado deverá ter um pano próprio para limpar suas mãos e facas. Uma vez sujo, seria dobrado para não profanar a mesa com tal sujeira. Resta-me decidir que nome dar a ele e como apresentá-lo."*

> *"Cada vez que uma panela vai ao fogo, deve ser coberta com um pano para que a fumaça não se misture ao sabor do conteúdo. Pergunto-me se não poderia ser inventada uma tampa definitiva, que fosse tão indestrutível quanto a panela. Farei um projeto..."*

Atribui-se a ele ainda a invenção de assadores de carne, facas especiais, cortadores de vegetais, extintores de incêndio e outros artefatos de cozinha. Segundo uma também questionável lenda, Leonardo teria inventado e testado as receitas que aparecem sobre a mesa de sua magistral *Santa Ceia*, a saber: miúdos de cordeiro ao creme, pernas de rã com verduras e enguia assada com purê de nabos.

A leitura do *Codex* é fascinante e obrigatória para qualquer um que se interesse por culinária ou arte. Embora muitos historiadores questionem sua veracidade, mesmo como leitura de ficção ela é de primeiro nível.

No século XIV, portanto anterior a Leonardo, Giuseppe Arcimboldo produziu uma série de quadros com feições humanas feitas a partir de vegetais, frutas e cereais.

Entre os séculos XIV e XV, as naturezas-mortas tomaram conta da Europa, especialmente da Holanda, onde mestres como Van Eyck e Campin notabilizaram-se nessa arte. A primeira natureza-morta de que se tem notícia teria sido pintada por Zeuxis, na Grécia antiga.

Comentava-se que o cacho de uvas-passas era tão perfeito que passarinhos vinham bicá-lo.

Muito se especulou a respeito dos significados ocultos na pintura de naturezas-mortas. Dessa forma, quadros com peixes, típicos da cidade de Hague, seriam alusões à luta entre católicos e protestantes que dominava a Europa. Outra característica interessante é o aparecimento de frutas do Novo Mundo nas pinturas a partir do século XVI. Cenas de cozinha, como em *A Cozinheira*, de Gerard Dou, *Cena Culinária* e *O Cozinheiro*, de Velásquez, *A Criada Poderosa*, de Nicolas Maes, *A Cozinha dos Anjos*, de Murillo, e, mais recentemente, diversas obras de Picasso e Dalí (este último com verdadeira obsessão pelo pão e seus significados) refletem o interesse dos artistas pela culinária, seja como tema, hobby ou segunda profissão.

Por sua vez, os cozinheiros trataram de homenagear os artistas em suas criações culinárias, conforme os exemplos a seguir:

Coup Melba ou Pêssegos Melba

Receita inventada em 1892 por Auguste Escoffier, chef de cozinha do Hotel Savoy, de Londres, em homenagem à soprano australiana Elena Pôster Mitchell Armstrong, cujo nome artístico era Nélida Melba. É um sorvete de baunilha sobre o qual se colocam pêssegos em calda e cobertura de framboesa. Na noite da criação da receita, Escoffier serviu-a em uma bandeja de prata maciça, dentro de um cisne esculpido em gelo.

Torta Mozart

O dono de um famoso café de Viena emocionou-se com a apresentação da ópera *Bodas de Fígaro*, que Mozart, o autor, exigiu fosse feita ao público que não tinha condições de pagar para ir ao teatro, e criou uma torta em sua homenagem. Tratava-se de uma massa de biscoito com sabor de chocolate, recheada com creme de chocolate e geleia de morangos, coberta com calda de chocolate e creme glacê.

Tournedos Rossini

Segundo Rossini, grande compositor, ótimo cozinheiro e dono de péssimo caráter (de acordo com seus amigos), a grande ópera da vida dividia-se em quatro atos: comer, amar, fazer a digestão e cantar.

Certa noite, Rossini foi com seus amigos ao Café Anglais, em Paris, e, com muitos maus modos, pediu ao *maître*, Marcel Magny, a especialidade da casa: um medalhão de filé com patê. Marcel, irritado, preparou o prato em um *réchaud* próximo à mesa e, para protestar contra a falta de educação, executou-o de costas (*tournedos*) para o cliente e cortou o medalhão ao meio, para humilhá-lo. O *maître* foi demitido e acabou abrindo seu próprio restaurante, em cujo cardápio constava a receita, e o nome *tournedo* acabou ficando específico para um dos cortes do filé-mignon.

Pera Belle Hélène

Criada por um anônimo, em 1864, e imortalizada por Escoffier, essa receita homenageava a ópera *La Belle Hélène*, de Offenbach, que teve êxito avassalador em Paris. Trata-se de uma pera sem casca e sementes, cozida em calda de baunilha e coberta por calda quente de chocolate.

Nesse formato, há uma série de outros pratos, como o *Doce Chopin*, inventado por sua amada George Sand; o *Assado Paganini*, feito de cabeça de vitela; a *Copa Pavarotti*, com morangos, zabaione, sorvete de castanhas e creme, e muitos, muitos outros.

A cozinha e as artes, todas dependentes de criatividade, concentração e inspiração, sempre andaram e sempre andarão de mãos dadas. São alquimias que expressam a visão que cozinheiros e artistas tiveram e têm de seu tempo, e assim, para nossa felicidade e alegria, produziram verdadeiras obras de arte que hipnotizam nossos cinco sentidos.

Oxalá esse casamento de sabores e beleza dure pelos próximos séculos.

DO EGITO, A LIBERDADE E A CEBOLA, O ALHO, OS PEPINOS...

"Lembramo-nos dos peixes que, no Egito, comíamos de graça; e dos pepinos, dos melões, das verduras, das cebolas e dos alhos."

(Números 11:5)

Por mais de uma vez, meus assíduos leitores viram esta passagem de *Números* em algum artigo meu. Isso porque a passagem dos judeus pelo Egito, do ponto de vista culinário, foi importantíssima.

Novos ingredientes, novos utensílios, novas técnicas de cozinha, novas tecnologias de cultivo, colheita e produção foram incorporados à cultura enófila, gastronômica e culinária do povo judeu.

Talvez as contribuições mais importantes tenham sido o processo aprimorado de fermentação para o pão e a cerveja, os fornos e ingredientes como os anteriormente citados, além de formas mais racionais e produtivas de plantio e colheita.

No rigor da história, não é definitiva a data de fixação dos judeus no Egito, ou seja, a ida das tribos representadas pelos irmãos de José. Historiadores diversos atribuem a esse período datas que vão de 1600 a.C. a 1550 a.C., ficando, portanto, muito difícil descobrir também qual teria sido o faraó que aceitou José como seu conselheiro/ministro. Já existe bastante certeza de que o faraó que tornou os judeus escravos foi Ramsés II (reinado de 1279 a 1212 a.C.). Faraó glorificado da 19.ª Dinastia, considerado um dos maiores líderes não só do último reino, mas dos três reinos egípcios, Ramsés foi também um grande construtor, tendo entre suas obras os templos de Abu Simbel e a finalização dos templos de Luxor e Karnac. Que mão de obra ele utilizou para isso, já sabemos.

Também é dado como certo que o Êxodo ocorreu no reinado de Menerptah, neto de Ramsés II, aproximadamente 90 anos após o início da escravidão. Estima-se, portanto, que os judeus tenham passado entre 300 e 400 anos no Egito, noventa deles como escravos.

Agora que nos localizamos no tempo, vejamos o que nossos antepassados encontraram do ponto de vista culinário. Comecemos com o que era plantado: a base da alimentação eram verduras, legumes e frutas. Os cereais, existentes em razoável quantidade, eram mais distribuídos à população em geral, ficando frutas e folhas frescas reservadas aos estratos superiores. Determinadas frutas, por exemplo, eram obtidas somente em árvores cultivadas dentro de templos, como forma de garantir sua exclusividade.

Os jardins de palácios e residências, na verdade, misturavam arbustos de flores com árvores frutíferas e hortaliças, sempre ao redor de um tanque central que não só tinha peixes (comestíveis e decorativos) e função decorativa, mas também água para rega do jardim.

Normalmente, logo ao redor do tanque, havia uma treliça com uma parreira e, por fora da treliça, pequenas árvores, ervas, arbustos e algumas hortaliças; num terceiro perímetro, touceiras de papiros, tamareiras e palmeiras.

Cada casa ou palácio tinha uma equipe de hortelões, que trabalhavam duro, "carregando pela manhã uma canga com a tina de água para regar as verduras e uvas, ao meio-dia as palmeiras e à tarde os pepinos" (versos da época). Eram conhecidos pelo enorme calo que tinham no pescoço, causado pelo peso absurdo da tal canga. Tinham ainda como obrigação correr pelos jardins agitando tiras de pano para afastar os pássaros quando os frutos amadureciam, porém sem fazer barulho, para não incomodar ninguém.

As frutas aparentemente conhecidas desde a I.ª Dinastia eram a tâmara (nativa do Egito), o figo e a uva.

Nos túmulos, as cenas mostram a larga utilização da tâmara não só fresca, mas também seca e na forma de xarope, como adoçante, após longo cozimento.

O figo, embora de origem asiática (escavações dão conta da existência de frutos na Ásia em 5000 a.C.), deve ter chegado ao Egito pela Síria e era muito consumido seco, fresco e, em uso medicinal, assado.

A uva deve ter entrado no Egito no mesmo período que o figo, e seu maior consumo era como passa e para fabricação do vinho. O curioso é que raramente era consumida fresca.

No Médio e no Novo Império, apareceram frutas novas, como a romã, cujo xarope e sementes acabaram tendo papel importante na culinária do Oriente Médio; o melão, do qual os egípcios gostavam muito de consumir as sementes torradas; a melancia; a maçã, que não despertou muito entusiasmo; e outras que pouco conhecemos, como o algarobo ou alfarroba, espécie de vagem que, depois de seca, tem um gosto parecido com chocolate; o sicônio, parecido com o figo, só que bem vermelho; a pérsea, da qual tudo o que se sabe é que dela se fazia uma farinha; e a chufa, de cujos rizomas faziam-se e ainda se fazem doces excelentes no Egito e na Espanha.

Como bônus especial, aqui vai uma receita de 5 mil anos de idade:

PARA TIRAR DORES DO CORPO

2 FIGOS TORRADOS

2 COLHERES (SOPA) DE UVAS-PASSAS

AZEITE DE COCO

Coloque os figos e as uvas-passas de molho no azeite de coco até amolecerem.

Passe tudo em um pilão até transformar o conteúdo deste em uma pasta, que deve ser ingerida por quem estiver com dores no interior do corpo.[1]

Já no campo das verduras e vegetais, a lista é bem mais vasta.

Como bem diz a passagem de *Números*, a base da culinária egípcia são, desde aquela época até hoje, o alho e a cebola. Cenas e mais cenas retratadas em túmulos e na arte cotidiana mostram o plantio, a colheita, a utilização e o consumo desses dois ingredientes por toda a população em todos os reinos do Egito. Aparentemente, a cebola era mais consumida pelas baixas camadas da população, quase sempre crua, como complemento da refeição. Heródoto chega a citar, em seu *Relatos de Viagem*, que, numa das pirâmides que visitou no Egito, teria lido numa inscrição na parede que foram gastos 1.600 talentos de prata (54,5 toneladas!) apenas com a compra de cebolas e rabanetes para os operários durante a obra.

Muito semelhante à cebola, o alho-poró tinha grande consumo, e fica muito difícil distinguir um do outro na iconografia conhecida.

Pepinos, rabanetes e aipos eram bastante consumidos, crus, cozidos ou em conserva salgada.

---

1   Thierry Bardinet, *Les Papyrus Médicaux de l'Égypte Pharaonique* (Paris: Fayard, 1995).

Apício diz em seu livro que a abóbora era muito consumida no Egito, mas quase não se tem registro de utilização desta na iconografia descoberta em monumentos anteriores ao período romano.

Alguns tipos de alface eram largamente consumidos, sendo a mais conhecida, até os dias de hoje, uma variação com o nome de *mulukheya* (*Corchorus oliturius*), com a qual se faz um cozido doce, típico do Egito, e outro salgado, típico do Líbano e muito saboroso.

Na área dos legumes, as favas (*ful*) até hoje fazem parte do cotidiano *sefaradi*. O que se sabe é que, hoje, o que chamamos de *ful medames*, a mais clássica apresentação de favas, era conhecida na 17.ª Dinastia como *metmes*.

O grão-de-bico, também velho conhecido da culinária egípcia, era chamado no Médio Império de *her bik* (cara de falcão), e sua principal receita, o homus, vem de longuíssima data.

Ervilhas e lentilhas são utilizadas desde a 3.ª Dinastia, e há até mesmo uma receita de homus de lentilhas dessa época.

O que pouca gente sabe é que o tremoço também era consumido no Egito antigo, sendo já então conhecido o método de fervuras sucessivas seguidas de períodos de molho em água fria para retirar seu gosto acre.

No capítulo das ervas, as descobertas arqueológicas mostram que estas eram difundidas e utilizadas em profusão, mas não fica muito claro como elas eram usadas. Muito provavelmente suas principais aplicações eram medicinais e esotéricas, e não culinárias.

Ainda assim, encontraram-se sementes de cominho em vários túmulos, assim como a canela, que era conhecida como *ta shepes*, a erva nobre, a pimenta-do-reino, que era usada nos unguentos dos embalsamadores, o funcho, o anis, a mostarda, o coentro, o gergelim e possivelmente a salsinha e o manjericão.

Carnes e aves eram bastante consumidas pelos egípcios. Aparentemente, os domesticados mais populares eram porcos e cabras, e o faraó e o clero tinham grandes fazendas privadas de gado. A carne bovina era a mais apreciada, mas de difícil acesso à população em geral, que só a obtinha quando, após os sacrifícios (praticamente diários), eram distribuídas as sobras. Existiam também açougues que vendiam as carnes bovina, caprina e suína com cortes bastante semelhantes aos encontrados na Europa hoje em dia.

Havia normas fixas e restritas quanto ao abate, sendo o sangue, por exemplo, recolhido e utilizado para usos medicinais e culinários.

A caça não ocorria somente para fins de alimentação; havia também aquela com objetivo de domesticação dos animais e posterior consumo destes. Caçavam-se gazelas, cabras selvagens, órix, lebres, porcos-espinhos e, surpreendentemente, hienas. No túmulo de Mereuka, encontra-se a cena de dois escravos cevando uma hiena (engordando-a à força com bolotas de vegetais misturados com gordura).

Gansos e patos eram as aves mais consumidas. Determinadas cidades chegaram a ter granjas para mais de 10 mil aves. A galinha chegou ao Egito provavelmente no período romano e foi muito apreciada e consumida.

O pombo era considerado uma iguaria (até hoje é importantíssimo na culinária do Oriente Médio) e, além de caçado com redes, era também criado em monstruosos pombais, próximos a alguns templos. Garças, codornas e perdizes, além de uma série de aves aquáticas que acompanhavam as cheias do Nilo, eram também consumidas.

Quanto aos métodos de cozimento, o hábito de oferecer sacrifícios impôs a grelhagem sobre fogo como a forma mais popular de preparar carnes e aves. Eram, todavia, também cozidas e, em ocasiões muito especiais, assadas.

Nas casas mais ricas, havia, em um local externo, uma edícula especial para o preparo de carnes, composta de uma grelha e um pequeno fogão a lenha, supostamente para o abate, o corte e o cozimento das carnes.

A conserva das carnes e aves em salmoura, ervas ou gordura era muito praticada.

Um método específico de conserva descrito no túmulo de Antefoker, da 12.ª Dinastia, mostra a carne, cortada em tiras de formato triangular, pendurada em varais. Curiosamente, os indígenas da América do Norte utilizam o mesmo corte triangular para sua carne-seca, chamando-a de *biltong,* e algumas tribos da Nigéria também o fazem, chamando a conserva de *kilishi.*

Praticamente todos os povos têm seu sistema de curar a carne, sempre em tiras ou mantas (como, aqui no Brasil, as nossas carne de sol e carne-seca), mas quase nunca em finas fatias triangulares.

Algumas pinturas mostram métodos muito semelhantes ao *confit* para conserva de aves, ou seja, elas eram conservadas na gordura. Sempre se imaginou que tal método tivesse surgido na Idade Média.

Também eram consumidos leite e ovos. O leite era usado para fazer queijos e uma manteiga clarificada (para melhor resistir ao calor, como a nossa manteiga de garrafa), chamada *semi,* muito raramente para cozinhar. Ovos, apenas os de gansa ou de pata e, para as camadas superiores, os de avestruz (cujas cascas eram depois utilizadas como recipientes).

A pesca era utilizada como lazer pela classe dominante e como forma de complementar a alimentação pelas classes baixas.

O faraó tinha barcos pesqueiros, com um sistema de redes muito organizado e que faziam a pesca em regime industrial. Os peixes preferidos eram as carpas, as percas e as tilápias (que hoje em dia recebem o pomposo nome de Saint Peter).

A tainha, embora seja um peixe de mar, costumava esporadicamente subir o Nilo e era apreciadíssima, especialmente suas ovas, das quais se fazia uma das iguarias maiores da culinária faraônica, a *poutargue* (as ovas eram retiradas de suas bolsas e colocadas entre duas tabuinhas para secar por 30 minutos e depois levadas para uma bandeja feita de caniços para completar sua secagem na sombra). Essa conserva pode ser encontrada ainda hoje em boas casas de alimentos da França, da Espanha, Itália e do Egito e resultou na Bottarga italiana.

Frescos ou secos, os peixes chegaram a ser o item mais consumido nas construções de Tebas, depois do pão e dos cereais (assim mostra a acurada contabilidade dos oficiais do faraó).

Seu método de conservação, chamado *fesikh,* foi descrito por Heródoto: em potes de barro, eram colocadas alternadamente camadas de peixe e sal grosso, e depois tudo isso era prensado. Após dez dias, o peixe estava pronto para o consumo. O *fesikh* é utilizado ainda hoje no Egito.

Apício, o grande cozinheiro romano e um dos pais da culinária, visitou o Egito por volta do século I d.C. e, em seu livro *De Re Coquinaria*, que chegou até nossos dias, reproduz cinco receitas egípcias, três delas de peixes.

Antes de falar do pão, da cerveja e do vinho, temos de fazer um aparte especial sobre a fermentação.

Até meados do século XX, era fabricado no Egito um tipo de cerveja chamado *buza*, cujo sistema de fabricação remontava ao tempo dos faraós. A cerveja, muito consumida, era preparada com a fermentação não só da cevada, mas também de diversas frutas, como a tâmara, da qual se fazia uma cerveja de nome *seremet*. Já a *heneket*, ao que parece, a mais popular e a mais fabricada, era feita com base na mistura de diversas frutas. Havia ainda a *desheret*, aparentemente destinada apenas às elites e cuja composição nos é desconhecida. De qualquer forma, pelos documentos encontrados, nota-se que os egípcios levaram a arte da maltagem, da fermentação e da filtragem ao nível de arte da época e, com isso, conseguiram excelentes cervejas e massas para panificação, estas depois eram complementadas em seus ótimos fornos.

Ficando na área de bebidas, para depois falarmos da panificação, veremos que a produção de vinhos não era muito diferente da praticada em Canaã. O cultivo da uva e a produção do vinho têm documentação que os localiza, aproximadamente em 3500 a.C., e a colheita da uva era feita por hortelões, e não por escravos, sempre comandados por um supervisor, cacho a cacho.

As uvas eram pisadas em cubas de pedra por equipes de seis operários, que, para não se chocar, com a mão direita seguravam uma vara acima do ombro e com a esquerda abraçavam a cintura do trabalhador ao lado. As uvas pisadas com casca e cabos eram então colocadas num enorme saco de linho em cujas extremidades havia duas alças. Pelas alças eram passadas varas, e o saco, torcido para extração do sumo que caía na cuba. No momento final, um operário fazia uma acrobacia quase impossível, quando as duas varas eram apoiadas no chão e ele abria suas pernas e braços entre as varas, que ficavam apoiadas pelos outros, para garantir sua distensão máxima. O suco então era colocado em ânforas e fermentava.

Com o tempo, foram surgindo alguns tipos de vinho como o *paour*, de má qualidade, algo como os nossos *mistelle*; o *nedjem*, um vinho doce, possivelmente acrescido de mel ou pasta de tâmaras cozidas; e o *shedeh*, que, parecido com o judaico *mevushal*, era um vinho cozido com o objetivo de aumentar sua graduação alcoólica (e que também poderia ter o acréscimo de ervas), modificando, assim, seu sabor. Vale lembrar que as últimas dinastias importavam muito vinho de Canaã.

Já na panificação, os egípcios foram campeões. A produção de trigo era a principal atividade agrícola do reino e a base da economia e do sistema tributário.

O trigo era colhido, a parte do Estado (impostos) era separada, e depois tudo era armazenado em silos (os maiores ficavam nos templos), tendo divisões próprias para trigo e cevada e para o que ia para a cerveja ou o que ia para o pão. Estima-se que 65% da produção ia para o pão. As casas também tinham seus silos.

Os moinhos para transformar o grão em farinha eram monopólio do Estado ou dos templos, e, com base na farinha, executava-se uma das mais de 400 receitas de pão e/ou doces conhecidos (ou que chegaram até os dias de hoje) em fornos coletivos ou caseiros.

Pinturas em túmulos e mastabas descrevem, com incrível precisão e quantidade de detalhes, todos os passos, da debulha da espiga de trigo até a melhor forma de cortar o pão.

A profissão de padeiro era honrada e reconhecida pela sociedade, não apenas por causa dos pães, mas principalmente por causa dos doces, sendo a habilidade de dar formas (emblemas, animais, figuras etc.) a esses pães e a esses doces uma das características mais marcantes dessa profissão.

Para terminar, gostaria de contar uma história do *Midrash*, que não tem nada a ver com cozinha e tudo a ver com o Egito. Enquanto pesquisava essa cultura, cruzei com a linda história de Diná e seus filhos e achei-a tão fascinante que resolvi contá-la a vocês. Se todo mundo já a conhece, desculpem-me. Se não, fiquem com este belo exemplo de justiça.

Certo dia, Diná, filha de Lia e meia-irmã de José, saiu para andar e foi estuprada por Siquém, o hivita.

Diná foi inicialmente recriminada por seu povo, e Siquém se apresentou perante Jacó propondo-se a casar-se com ela e submeter-se às penas por seu erro. Os filhos de Jacó exigiram que Siquém e todos os homens de sua tribo se circuncidassem e autorizaram o casamento. Assim foi feito, e, no terceiro dia, quando os homens estavam "se esvaindo em dor", os filhos de Jacó (aqueles mesmos que venderam José aos mercadores...) invadiram a aldeia e mataram todos os homens, trazendo a irmã para casa. Jacó ficou sem palavras ante a atitude dos filhos, e Diná, desonrada por duas vezes.

Numa noite, o anjo Michael raptou Asenath, a filha de Diná, e, chegando ao Egito, levou-a para a casa de Putifar, onde ela foi criada como filha do egípcio e, depois, quando adulta, dada em casamento, por ordem do faraó, a José, com quem teve dois filhos, Efraim e Manassés.

Obviamente, nenhum dos envolvidos sabia dessa história, a não ser Jacó, que, em seu leito de morte, chamou José e os netos e finalmente os abençoou, bênção esta que os judeus repetem sobre os filhos toda sexta--feira no *Shabat*.

Assim, Diná saiu da dupla desonra para ter sua descendência lembrada por todos os judeus do mundo, todas as sextas-feiras, para o resto dos tempos. Da desonra total à honra eterna.

DIÁRIO DE VIAGEM: AVENTURAS
MEXICANAS, DEUSAS E CHILES

Tenho dois amigos que correm o sério risco de ficar ricos um dia desses, o Rodrigo e o Luiz. São pessoas, cada uma a seu modo, que, mais dia, menos dia, vão acertar o caminho, pois não deixam a vida modificar seu destino: elas preferiram modificar a vida.

O Rodrigo, como eu, é editor e cria projetos dos mais diferentes que já vi. O Luiz é executivo numa enorme multinacional que o mandou para o México, para dar um jeito nas coisas por lá.

O cenário foi o seguinte: estávamos no apartamento do Luiz, num belo bairro da Cidade do México, onde preparei para os três um delicioso (modéstia nenhuma à parte) bacalhau fresco *à la portugaise*, receita criada pelo imortal Dugléré no século XIX. A conversa girou em torno de tudo e acabou caindo nos chiles mexicanos, que adoro e meus dois amigos não suportam. Os mexicanos conseguem um chile para cada molho e para cada prato. Do café da manhã até o jantar, tudo tem o seu gostinho picante.

Não é de estranhar, uma vez que o consumo dessas deliciosas pimentas tem mais de 6 mil anos e ligações com a religião e a cultura dos antigos povos da região.

Caçadores e nômades, o chile os ajudava a conservar a caça durante os traslados e, curiosamente, nesses traslados, acabaram por disseminar as sementes e as diversas espécies durante suas andanças.

Nas escavações de Coxcatlán, foram achadas sementes de chile *ancho* (este é o nome do chile *poblano*, quando seco) com idade provável de 6.900 a 5 mil anos a.C.

Muito da força dos chiles está ligado a sua provável origem, que, diz-se, é vinda do sangue.

Uma lenda recorrente entre os antigos povos pré-hispânicos conta a história do Niño Maiz, um menino que tenta fazer com que seu pai, morto em combate contra uma tribo inimiga, volte a viver. Ao não conseguir seu intento, pois seria contra a vontade dos deuses, o menino é retirado do mundo dos vivos e os deuses deixam como presente para sua mãe uma compensação: a primeira espiga de milho e duas gotas do sangue do menino. De uma nasceu o tomate e, da outra, o chile.

Já uma lenda mais moderna, pós-hispânica, dos povos *tzotziles* e *ñhanú*, conta que Cristo estava sendo perseguido por seus inimigos e um deles picou-o com uma lança. Da gota de sangue que caiu no chão nasceram os chiles, que, por isso, "picam" (queimam).

Segundo os olmecas, no inframundo, onde tudo é ao contrário e, por exemplo, as comidas são putrefatas e malcheirosas, utilizam-se escaravelhos no lugar dos chiles para temperar a comida. Curiosamente vi no mercado de Taxco o besouro *chumiline*, que se come vivo. Tira-se sua cabeça e chupa-se o conteúdo, que é mais picante que a maioria dos chiles.

A pimenta já era usada pelos astecas e maias como arma. Cabaças eram recheadas com chiles *habaneros* e um pouco de água, e os chiles começavam a fermentar. Lançadas contra os inimigos, liberavam gases que tornavam a respiração das pessoas em volta praticamente impossível. Até hoje, tribos panamenhas colocam pencas de pimentas nas proas de suas canoas para espantar tubarões. No seu primeiro confronto com indígenas, Pizarro foi posto para correr pela fumaça de gigantescas fogueiras de chile *rocoto*, assim conhecido porque seu cheiro teria capacidade de levantar os mortos.

Os ritos de iniciação da maioria do povo maia incluíam uma cerimônia em que os jovens guerreiros tinham de aspirar a fumaça de chiles queimados em enormes fogueiras.

A deusa Tlatlauhqui Cihuatl Ichilzintli, a Respeitável Senhora do Chile Vermelho, cuidava para que todas as plantas de chile florescessem e ficassem disponíveis para o povo, castigando os sonegadores (os impostos eram pagos em fardos de chile) e concedendo graças aos que plantavam chiles. Apesar de ser irmã de Tláloc, o deus das águas, era para ela que se rezava, pedindo que intercedesse ao irmão pelas chuvas nas horas certas. Talvez não seja mero acaso a associação dos chiles com água, na medida em que suas plantas e frutos necessitam de grande quantidade desta para seu crescimento.

Em meados do século XVII, os zapotecas criaram um semideus, Losio, que era o advogado das sementes de chile e intercedia à deusa pelos mortais. Obviamente suas oferendas eram feitas sempre com sementes dos melhores chiles da colheita.

Por seu lado, os caltzontzin, poderosos governantes do povo purépecha (que existe até hoje, com sua língua própria e tradições milenares), tinham, cada um, em seus palácios mais de cem mulheres para servi-los, entre elas Yyamati, a semideusa dos molhos. Escolhida entre as mais belas, Yyamati tinha a seu cargo cuidar dos chiles e preparar em seu *molcajete* (*xumataku* em purépecha) os *moles* (molhos, ou *angonauka*, em purépecha) e servi-los ao amo, trajando belas vestimentas e com os seios desnudos.

Essa história nos leva ao *molcajete*. Principal utensílio da cozinha maia, esse pilão feito de pedra vulcânica (basalto) era o instrumento multiúso de toda a cozinha maia. Pilava-se, moía-se, socava-se, cozinhava-se e assava-se nele.

Seu nome vem do *nahuatl* (língua asteca) *molli* (molho), *caxitl* (tigela), e o socador, chamado *tejolote*, vem de *tetl* (pedra) e *xolotl* (boneca).

Foram encontrados *molcajetes* de 4.500 anos de idade em Oaxaca, e seu uso é provavelmente mais antigo. Só quem já trabalhou com um deles pode falar de sua incrível eficiência e versatilidade.

Voltando ao chile, a magistral *Historia General de las Cosas de Nueva España*, do frade Bernardino de Sahagún, em diversos momentos, cita os chiles. Sahagún foi para os mexicanos o que Anchieta foi para o Brasil e escreveu durante 30 anos, em meados do século XVI, os 12 volumes dessa *Historia*, que, por motivos políticos, não foi publicada. Quase tudo do que se conhece da história dos povos pré-hispânicos deve-se aos seus estudos. São descritos diversos tipos de chile e receitas com eles elaboradas, assim como medicamentos feitos de pimentas, principalmente para o estômago e a boca.

Sahagún também escreveu que os senhores de Tenochtitlan, a grande capital asteca que originou a Cidade do México, exigiam seus tributos em 400 a 800 fardos de chiles, conforme a região, e que os artistas que decoravam a capital eram pagos com chiles.

Certo dia chega Cristóvão Colombo, experimenta os chiles e, como acreditava piamente que estava na Índia, os chama de pimenta-da-índia, por achar seu ardor semelhante ao da pimenta-do-reino, já conhecida por ele.

Aliás, o Brasil é o único lugar onde a pimenta-do-reino é assim chamada, uma vez que vinha de Portugal, o reino.

Seja como for, a confusão de Colombo acabou por deixar esse nome para quase todas as línguas. Ficaram os mexicanos com seu nome original, e alguns países da América Latina, com o nome da *aji*.

Embora seja um dos grandes consumidores, o México não é o maior produtor de chile, mas, sim, a Índia, seguida da China. Ambas receberam a pimenta-malagueta, ou seja, o chile, apenas no século XVI, levada pelos portugueses, e a incorporaram em seus menus e receituários de forma indelével.

Quase todos os chiles do México são da espécie *Capsicum annum*, ao contrário do Brasil, onde a maioria das pimentas é da espécie *Capsicum chinense* ou *frutescens*. Curiosamente, o mais ardido dos chiles mexicanos, o *habanero*, é um dos únicos chiles da variedade *chinense*, e tudo indica que tenha saído do Brasil e lá chegado em priscas eras, via Caribe. Aqui o *habanero* é conhecido como cumari, o nosso bom e velho cumari.

A propósito, as pimentas mais fortes que se conhecem no mundo são a *dorset naga e a jolokia*, da Índia, também da espécie *chinense*. Para que se tenha uma ideia, existe uma escala de ardência criada pelo cientista Scoville. Nela, a capsaicina pura, ingrediente ativo das pimentas, vale 16 milhões de unidades; o *habanero*, 325 mil; o cumari, 250 mil; a dedo--de-moça, 2.500; a *dorset naga*, 960 mil unidades, e a jolokia 1.100.000 unidades! Seria como encostar um cigarro aceso na língua.

GALINHA, A VERDADEIRA AVE DO PARAÍSO

"Uma velha ídiche-mome tinha duas galinhas. Uma delas ficou doente.
A boa senhora fez um iouch com a outra galinha para salvar a doente..."
(Henny Youngman, comediante norte-americano, 1906-1998)

O que seria das *ídiche-momes* sem o *iouch*? E, pior, o que seria do *iouch* sem as galinhas?

Os judeus foram conhecer a galinha durante o cativeiro do Egito. Nenhuma menção é feita ao nobre animal em nenhum livro do Antigo Testamento, e poucas menções são encontradas no Novo Testamento; assim mesmo, mais a galos que a galinhas.

Originária da Índia em seu estado selvagem, a datação de seu aparecimento é motivo de controvérsia entre historiadores. As indicações mais antigas que se conhecem colocam o contato do homem com a galinha por volta de 6000 a.C., provavelmente na península malaia.

Já sua domesticação é bem mais documentada, devendo ter ocorrido por volta de 3000 a.C. Elas já eram criadas na Suméria, e, na Babilônia, a palavra que designava galo queria dizer ave-rei.

Curiosamente, pinturas rupestres chinesas de 3000 a.C. mostram galinhas convivendo com humanos, mas estudos recentes provaram que a galinha foi levada para a China por mercadores hindus ou malaios já domesticada.

Os egípcios, por volta da 2.ª Dinastia, já tinham desenvolvido granjas para até 10 mil aves, com uma produção de ovos e carne bastante organizada.

Trazidas do Oriente, as galinhas chegaram à Grécia por volta de 600 a.C. e depois a Roma, de onde foram levadas pelos celtas em torno de 100 a.C. Daí foram para todo o mundo.

Não podemos esquecer um trecho interessantíssimo da carta de Caminha, segundo o qual galinhas que estavam nos navios foram mostradas aos indígenas, e estes, num primeiro momento, tiveram medo de se aproximar daquelas estranhas aves.

A galinha tornou-se um dos alimentos mais consumidos pelo homem. No Brasil, terceiro produtor mundial e maior exportador, foram abatidos 4,5 bilhões de aves em 2009, o que representa 10,3 milhões de toneladas.

Vale a pena citar que o Brasil, os Estados Unidos e a China criam mais da metade da produção mundial.

Entretanto, apesar de grande produtor, o Brasil não é um grande consumidor: 29,9 kg/habitante/ano contra 57,3 em Hong Kong, 49,6 nos Estados Unidos, 41,2 no Kuwait, 41,1 nos Emirados Árabes e, pasmem, 0,7 kg/habitante/ano na Índia.

Mas o que nos interessa mesmo é a participação de nossa querida galinha na culinária e, aí, ela é intensa.

Receitas clássicas circulam o mundo, seja com sua carne, seja com seus ovos.

Frango à Kiev, galinha à la King, *Coq au vin*, *Chicken curry*, Frango à caçadora, *Fried chicken*, Frango à passarinho, *Suprême* de frango, a nossa brasileiríssima Galinha de cabidela (que, curiosamente, em Portugal chama-se Galinha de pica no chão), coxinha de frango, torta de frango e tantas outras receitas galináceas vêm povoando a mesa de todas as nações deste nosso mundinho.

Quanto aos ovos, nem se fala: omeletes, *pochés*, suflês, suspiros, a imortal maionese, *haminados*, o tradicional *ham & eggs*, que gerou uma lição de administração (a galinha participa, o porco se compromete...), afora, é claro, sua utilização como ingrediente indispensável em massas, pães, empanados, doces e por aí vai.

Falando nos doces, uma curiosidade são os doces conventuais portugueses, que levam quantidades absurdas de gemas. A verdade por trás dessas receitas é que as freiras tinham de consumir quantidades muito grandes de claras para engomar hábitos, toalhas etc. Sobravam, portanto, todas as gemas, que eram utilizadas nos doces.

Não podemos esquecer também nossa supertradicional salada de ovos com cebolas, receita que acompanha os judeus há cerca de 2 mil anos.

E, de especial interesse judaico, o caldo de galinha, o *iouch* ou *goldene iouch* ou, em uma simplificação, *gildene*.

Penicilina judaica, caldo cura-tudo, caldo dourado e tantos outros são nomes para uma mesma receita que, para muitos, representa o aroma e o gosto do *Shabat* e/ou das festas. Com *mondelech* (que minha avó esticava em uma massa finíssima e depois cortava com o dedal, um por um), com *kneidalech* ou com *krepalech* é o caldo dos deuses: suave, aromático e saboroso. Não posso ver um prato de *iouch* sem me lembrar de minhas duas queridas avós, que o faziam tão bem.

A seguir, algumas descobertas sobre o *iouch* e as galinhas:

. Recomenda-se utilizar uma galinha inteira. O colágeno que está nas juntas da galinha e confere sabor especial ao caldo é perdido quando ela é partida em pedaços.

. Exatamente por possuir mais tecido conjuntivo, a galinha mais velha faz um melhor caldo. Verdadeiro, portanto, o ditado que diz que "galinha velha é que dá bom caldo".

. Apesar de sofrer a acusação de carne sem sabor, a galinha teve apreciadores eméritos. Dom Pedro II chegava a tomar canja no almoço e no jantar, praticamente dispensando outros pratos. Ficou famosa sua saída do baile da Ilha Fiscal sem jantar para degustar sua amada canja no palácio.

. Enquanto o presidente Carter esteve na Casa Branca, era prato obrigatório, no mínimo duas vezes por semana, a *Fried chicken* (galinha frita) à moda do sul.

. O galo de panela (*bécasse à la casserole*) era obrigatório nos fins de semana na casa de Monet em Giverny.

Como brinde a esta galinácea história, uma boa receita de *iouch*:

GOLDENE IOUCH

1 GALINHA GRANDE

2 CEBOLAS

4 CRAVOS-DA-ÍNDIA

2 CENOURAS

2 TALOS DE SALSÃO

1 ALHO-PORÓ

1 OVO

SAL

Em uma panela grande, coloque a galinha bem lavada, as cebolas descascadas e espetadas com os cravos e 2,5 a 3 litros de água fria.

Deixe o caldo cozinhar por uma hora, escumando-o de vez em quando, para que não escureça.

Coloque então os outros ingredientes, menos o ovo. Cozinhe-o por mais uma hora. Acerte o sal.

Quebre o ovo sobre a panela, jogando-o com a casca no caldo. Deixe a mistura na panela por 5 minutos e coe tudo em uma peneira forrada com pano.

O INCRÍVEL VOO DO MELRO

SE VOCÊ ESCOVA OS DENTES TODOS OS DIAS, APRECIA ASPARGOS, GOSTA DE INICIAR SUAS REFEIÇÕES COM UMA SOPA E DE TERMINÁ-LAS COM SOBREMESA OU APRECIA UM BOM VINHO SERVIDO EM FINAS TAÇAS DE CRISTAL, SAIBA QUE DEVE TUDO ISSO A UM DOS MAIORES MÚSICOS DA HISTÓRIA.

Seu nome era Abu al-Hassan Ali Ibn Nafi, mas ficou conhecido como Ziryab, ou seja, o melro ou o pássaro-preto.

Nasceu em Bagdá no ano de 789, como escravo, e tornou-se conhecido na corte do grande Harun al-Rashid, onde, liberto, fez sua fama como músico. Daí seu apelido, por sua pele escura e voz maravilhosa.

Iniciou sua carreira como aluno do músico-chefe da corte, Ishaq al-Mawsili (Isaque de Mosul). Aliás, Ishaq, seu ainda mais famoso pai, Ibrahim, e o próprio Ziryab são considerados os pais da música árabe.

Com o tempo, o aprendiz ultrapassou o mestre e, em um episódio de apresentação ao grande califa, essa diferença ficou patente, pois Ziryab recusou-se a tocar o *ud* do mestre, preferindo levar o seu próprio, por ele construído.

O *ud*, ancestral dos instrumentos de corda, também conhecido por *al oud*, árvore de Aloé, ou alaúde, foi o primeiro dos instrumentos populares a se disseminar na Europa, a partir da Espanha. Foi chamado em inglês e em francês de *lute*, e daí veio a palavra *luthier*, que significa "construtor de instrumentos".

Era composto de quatro pares de cordas, correspondentes aos quatro humores do corpo humano: um par amarelo, à bile; um par vermelho, ao sangue; um par branco, ao muco e um par preto, as chamadas cordas graves, ligadas à melancolia.

Ziryab reinventou o instrumento, fabricando-o com madeira mais leve e adicionando um quinto par de cordas (também vermelhas) entre o segundo par e o terceiro.

Além disso, tocava-o com uma pena de águia, bem flexível.

O resultado é que Mawsili chamou-o após a apresentação e ofereceu-lhe duas alternativas: aceitar uma soma considerável de dinheiro e nunca mais aparecer ou ser ouvido em Bagdá, lá ficar e ser perseguido "com todas as minhas forças e meu dinheiro, até a morte".

Zyriab não pensou muito, aceitou o dinheiro e escreveu ao califa de Córdoba, Al-Hakan, oferecendo seus préstimos. O reinado de Al-Andalus estava florescendo e crescendo, transformando-se no centro do mundo árabe, e sua capital, Córdoba, em breve iria disputar esse posto com Bagdá.

A viagem passou pelo Egito e pela Tunísia (na época, Kairouan), onde foi músico da corte por pouco tempo.

Ao chegar a Córdoba, foi surpreendido pela notícia da morte de Al-Hakan e ficou sem saber se tinha um emprego ou não junto ao novo califa, Abd al-Rahman.

Ocorre que o grande músico judeu Abu al-Nasr Mansur já conhecia a fama de Ziryab e recomendou-o ao novo califa, que acabou por aceitá-lo como músico oficial da corte com um salário de 200 moedas de ouro por mês e um bônus de 500 moedas de ouro no verão, mais 1.000 moedas de ouro em cada um dos dois grandes feriados islâmicos, mais 200 *bushels* (aproximadamente 27 quilos) de cevada e 100 *bushels* de trigo por ano, além, é claro, de um modesto palácio em Córdoba e duas vilas no campo com plantações para seu sustento.

A intenção de Al-Rahman era criar um novo polo cultural em Córdoba e rivalizar com os poderosos abássidas de Bagdá.

O primeiro ato de Ziryab foi a criação de uma escola de música, que não somente aceitava alunos da classe dominante como também do povo, encorajando os alunos a novos experimentos com músicas e instrumentos.

A *nuba* ou *nauba*, ou ainda *nouba*, foi criada por Ziryab nessa escola e sobrevive até hoje como um ritmo andaluz que emigrou para o norte da África e ficou também conhecido como *andalusi* em quase todos os países árabes ou como *malfuf* na Líbia e no Marrocos, onde um dos seus maiores intérpretes foi um *chazan* o rabi David Bouzaglo. Infelizmente, existe apenas uma raríssima gravação de Bouzaglo, a da música "Yigdal Shem há-El" (cuja tradução é "O nome de D'us vai crescer"), feita em 1957. Até então, por motivos religiosos, ele se recusava a fazer gravações.

Ziryab virou uma espécie de "ministro da cultura" do califado, e sua ação fez-se sentir em todas as áreas, notadamente nos hábitos alimentares.

Antes de nosso músico, a alimentação na Espanha era uma mistura enorme de ótimos ingredientes, servidos de qualquer forma, misturados sob qualquer critério. Os hábitos herdados dos visigodos e vândalos ainda imperavam, com comida misturada e amontoada sobre a mesa nua.

Ziryab começou por catalogar os ingredientes e receitas locais nesta ordem: vegetais, carnes, peixes, caça, queijos, sopas e doces. Estudou os usos e as disponibilidades e combinou-os com as receitas e o conhecimento culinário existentes em Bagdá.

O resultado foi fantástico: o aspargo, que nascia selvagem na região, começou a frequentar as mesas e virou a iguaria que hoje conhecemos. Note-se que ele já era conhecido dos romanos, que o cultivavam, mas as invasões bárbaras impediram sua difusão e ele foi reaparecer na Andaluzia.

As frituras tornaram-se mais populares que os assados, e algumas delas eram receitas do próprio mestre, como as *Taqliyat ziryab*, que eram almôndegas fritas em azeite de coentro com pedacinhos de massa frita. Também um prato de favas assadas com sal grosso ficou conhecido como *Ziriabi*.

Uma das centenas de versões de *Zalabia* (hoje também conhecida como *Buñuelos*), massinha frita servida com algum tipo de xarope doce, é outra receita a ele atribuída, em uma versão com calda de laranjas. Essa versão era preparada bem fina, quase como um biju, e depois coberta com a calda.

Curiosamente, um imigrante sírio, Ernst Hamoui, levou essa versão para os Estados Unidos e ofereceu-a aos visitantes da feira de Saint Louis de 1904. Ao lado de sua barraca havia uma de sorvetes, e alguém inventou de rechear a *Zalabia* de Hamoui com o sorvete do vizinho (os sorvetes até então eram servidos em copinhos de vidro ou papelão). Hamoui, mais do que rapidamente, percebeu a oportunidade e, ao final da feira, já tinha fundado a Cornucopia Cone Company, que fabricava cones de sorvetes.

Uma mistura de amêndoas e mel, muito parecida com o pé de moleque, foi também desenvolvida por nosso mestre e, até hoje, é um clássico de Córdoba, com o nome de *Guirlache.*

Porém sua mais hercúlea e incrível tarefa foi convencer o califa e sua corte de que a refeição deveria ter uma ordem, iniciando-se pela sopa ou caldo, depois por peixe, aves ou carne e concluindo com frutas, sobremesas e tigelinhas com pistache e outras sementes.

Nunca, em nenhum lugar da Europa, isso tinha sido visto. Foi uma revolução que acabou por se espalhar por todo o continente e depois pelo mundo. Tal divisão não só ordenou a refeição como acabou por gerar especializações na cozinha, com a divisão de funções entre os cozinheiros, e, principalmente, começou-se a ensinar aos comensais os sabores e as texturas de cada ingrediente e de cada receita.

Com isso, refinaram-se os gostos e a procura por novos ingredientes e temperos, que antes vinham misturados e ao mesmo tempo.

As consequências desse singelo ato nos são conhecidas: a procura por temperos e especiarias movimentou o mundo até o século XVII, quase mil anos depois. Não fossem as trevas medievais, todo esse processo teria se adiantado séculos.

Mas ainda muito há para falar de Ziryab.

Pode-se dizer como desenvolveu coberturas de couro para as mesas e treinou artesãos para executar seus projetos ou como substituiu as pesadas taças de vinho de ouro e prata, herança dos romanos, pelo levíssimo cristal vindo do Oriente.

Ou ainda como substituiu as pesadas colheronas de sopa escavadas a mão em madeira pesada por colheres mais leves, polidas com lixas, quase da forma como as conhecemos hoje.

Isso para não falar do instituto de beleza que criou ao lado do Palácio de Alcazar, onde ensinava às mulheres novos penteados e uma técnica totalmente nova, a depilação.

Aos homens, preconizava a importância de se barbear e a utilização de roupas conforme a estação, variando tecidos e cores: foi assim que a cor branca tornou-se mandatória no verão.

Também teve influência na arena política, ajudando Abd al-Rahman II a transformar Al-Andalus em um Estado moderno, que rompeu com as tradições romanas e visigodas.

Astrólogos vieram da Índia (e trouxeram consigo um jogo que fez muito sucesso, o xadrez), médicos judeus, do Egito e Iraque, matemáticos e arquitetos, de Bagdá, transformando Córdoba na nova capital do mundo árabe.

Ziryab nos deixou no ano de 857, aos 66 anos. Seus filhos e filhas também foram grandes músicos, mas sua obra os suplantou.

Não fosse o grande mestre de um povo que fora derrotado e expulso da Europa, sua memória seria lembrada e glorificada por todo o Ocidente, mas a história é sempre escrita pelos vencedores...

Em sua homenagem, segue a receita de seu doce preferido:

GUIRLACHE

500 G DE AÇÚCAR

400 G DE AMÊNDOAS SEM PELE

SUCO DE 1 LIMÃO

Cozinhe os ingredientes em uma panelinha até que fiquem caramelizados.

Derrame a mistura em mármore untado com azeite e deixe-a esfriar.

Corte o doce em barrinhas antes que endureça.

O MAIOR BANQUETE DA HISTÓRIA

"Durante dez dias eu os alimentei, cuidei deles e provi meios para que se limpassem e se sentissem confortáveis. Eu os honrei e depois foram de volta para suas casas, em todos os países..."

(Ashurnarsipal II, 883 a.C.)

Sempre que ouvimos falar dos assírios, vem-nos à cabeça um povo belicoso e impiedoso com seus inimigos, de grandes guerreiros e poucas realizações.

Vamos agora contar um pouquinho da história desse curioso povo e do maior banquete jamais realizado na história humana.

Conta-nos a Torá que os assírios descendiam de Assur, o segundo filho de Sem, portanto neto de Noé (*Gênesis*, 11:12).

Inicialmente tiveram grandes entreveros com os babilônios e acabaram refugiando-se em altas montanhas, onde se reorganizaram e de onde partiram para a conquista de vastas áreas na Mesopotâmia e Oriente Médio, entre 1368 e 600 a.C.

Sua organização social era totalmente voltada para sua proteção, portanto muito associada ao comportamento militar. O rei era, na verdade, sumo sacerdote e supremo comandante militar, representante do deus Ashur ou Assur, o deus supremo. Aliás, muitos estudiosos entendem que o conceito monoteísta dos judeus foi, em parte, retirado do conceito de supremacia de Assur sobre tudo e todos.

Seus mitos da criação e do dilúvio são extremamente assemelhados aos descritos em *Gênesis*, pressupondo uma certa "inspiração" do texto sagrado.

Curiosamente, ainda em meados do século XIX, pouco se sabia desse povo até as descobertas inglesas das ruínas de Nínive e, nelas, da portentosa biblioteca criada por Assurbanipal em 669 a.C. e instalada em um dos 80 cômodos de seu palácio, que chegou a conter 25 mil tabuletas de barro com quase tudo de escrito que se conhecia no mundo da época.

Quando de sua descoberta, 14 mil dessas tabuletas ainda estavam intactas, contendo quase tudo o que conhecemos da civilização assíria. De especial interesse para o nosso texto, há tabuletas que contêm a mais antiga receita da humanidade – *Ashshuriâtum Shirum*, ou seja, carne aquecida, a qual reproduzo a seguir:

> *me-e shirim shi-rum iz-za-az me-e tu-ka-an li-pi-a-am ta-na-ad-di*
>
> *karsum ha-za-nu-um te-te-er-ri me-eh-rum shuhut innu*
>
> *i-sha-ru-tum ash-shu-ri-a-tum shi-rum iz-za-az me-e tu-ka-an*
>
> *li-pi-a-am ta-na-di ha-za-nu-um zu-ru-mu da-ma sha*
>
> *du-qa-tim tu-ma-la kar-shum ha-za-nu-um te-te-er-ri me-he-er na-ag-la-bi*

Traduzindo:

> Carne, cozinhe na água. Quebre a gordura em tabletes, misture com alho-poró esmagado com alho, *zurumu* e uma parte igual de *shuhutinnû*. Despeje (na água).
>
> Corte em fatias e sirva com alegria.

Não há certeza sobre o que seriam *zurumu* e *shuhutinnû*, mas presume-se, pelos hábitos culinários estudados, que seriam cebolinha e echalotas.

Essa receita provavelmente é de 1790 a.C., e, somente para não confundir o ilustre leitor, a primeira receita da qual conhecemos o autor é a *Tainia*, do ano 300 a.C., do grande Mithaecus, que também escreveu o primeiro livro de culinária da história e do qual nada restou. Sabemos de sua existência graças ao genial Ateneu, que, em sua magistral obra *Deipnosofistas*, cita o autor, o livro e essa única receita.

Segue uma versão modernizada dela:

TAINIA

8 FATIAS DE SHIROMI (ROBALO OU PESCADA CORTADOS PARA SASHIMI)

OU 8 FILEZINHOS DE MANJUBA

1 PITADA DE PIMENTA-DO-REINO

SAL A GOSTO

SUCO DE ½ LIMÃO

AZEITE DE OLIVA SUFICIENTE PARA COBRIR OS FILÉS

1 PITADA DE ENDRO PICADINHO

2 COLHERES (SOPA) DE QUEIJO FETA RALADO

Tempere o peixe com a pimenta-do-reino e o sal. Coloque-o em uma tigelinha e cubra-o com o suco de limão. Deixe-o nela por 30 minutos a I hora.

Escorra-o, coloque-o em uma travessa rasa, cubra-o com azeite e salpique-o com o endro e o queijo. Sirva-o com torradinhas.

Depois desse salto de quase 1.500 anos, voltemos à biblioteca de Nínive.

Outro achado inglês de suma importância para a história foram as crônicas de Ashurnarsipal II.

Um dos maiores reis assírios e, com certeza, o mais cruel e impiedoso deles, foi o responsável pelo ápice do segundo império assírio e provavelmente pelo momento de sua maior glória e maior extensão territorial.

Conta-nos em uma de suas passagens:

Eu sou Ashurnarsipal, o alto sacerdote de Ashur, o legítimo rei dos assírios, sem rivais nos quatro cantos do mundo.

(...) sem temer as batalhas, sou uma flecha que quebra as hostes inimigas, que vence os invencíveis, inspirado por Ea, o deus das águas subterrâneas.

Provoquei grandes morticínios. Demoli, destruí, queimei. Aprisionei os guerreiros deles e empalei-os diante de suas cidades.

Esfolei os nobres rebeldes... e estendi suas peles sobre pilhas. Depois da batalha em que morreram 3 mil inimigos, muitos dos cativos ainda vivos queimei numa fogueira... De outros cortei fora as mãos, de outros, ainda, orelhas e dedos e o nariz. Dos soldados vivos arranquei os olhos. As mulheres e jovens queimei até a morte...

Bem, este não é exatamente um exemplo de comportamento, mas a justificativa genérica que os governantes assírios davam à sua ferocidade era exterminar (literalmente) pela raiz qualquer tentativa de sublevação ou revolta dos povos dominados.

Ashurnarsipal segue, em sua crônica, contando como reergueu e reconstruiu a cidade sagrada de Ashur e Calah, seu palácio gigantesco. Relata que trouxe artesãos do mundo inteiro para construir o palácio e seus portais de bronze; que fez canais a partir do rio Zab para irrigar os jardins, que tinham plantas e sementes trazidas de todas as nações, cujos aromas eram diferentes a cada palmo que se caminhava.

E inicia a descrição do grande banquete de inauguração do palácio:

Convidei o grande deus Ashur e os deuses menores de todas as nações para um banquete em que foram consumidos:

> 1.000 VACAS
>
> 1.000 BEZERROS
>
> 10.000 OVELHAS
>
> 15.000 CORDEIROS

Para a refeição especial de minha deusa Ishtar, houve ainda:

> 200 VACAS E 1.000 OVELHAS DE SIHNU
>
> 1.000 CABRITOS
>
> 500 PEÇAS DE CARNE
>
> 500 GAZELAS
>
> 1.000 PATOS
>
> 500 GANSOS
>
> 500 GANSOS KURKU
>
> 1.000 PÁSSAROS MESUKU
>
> 1.000 PÁSSAROS GARIBU
>
> 10.000 POMBOS
>
> 10.000 CODORNAS
>
> 10.000 PÁSSAROS DIVERSOS
>
> 10.000 PEIXES DIVERSOS
>
> 10.000 JERBOAS (NÃO SE SABE O QUE SERIA)
>
> 10.000 OVOS DE PÁSSAROS DIVERSOS
>
> 10.000 BARRIS DE CERVEJA
>
> 10.000 ODRES DE VINHO
>
> 1.000 ENGRADADOS DE MADEIRA COM VEGETAIS
>
> 300 ODRES DE AZEITE
>
> 100 ÂNFORAS DE CERVEJA COM MISTURAS
>
> 100 CONES DE PISTACHE

Por dez dias ofereci comida e bebida para 47.074 convidados, homens e mulheres, que vieram de todo o meu império. Convidei também 5 mil pessoas importantes, delegados de tantos países. Também vieram os 16 mil habitantes do palácio de Calah e 1.500 oficiais de todos os meus exércitos, totalizando 69.574 convidados.

Durante dez dias eu os alimentei, cuidei deles e provi meios para que se limpassem e se sentissem confortáveis. Eu os honrei e depois eles foram de volta para suas casas, em todos os países.

Bem, após essa pequena lista de ingredientes, resta-nos especular sobre o menu, que o ilustre rei não descreve.

As carnes foram provavelmente servidas grelhadas ou assadas no fogo ou cozidas com vegetais e gordura.

Os peixes devem ter sido apenas moqueados diretamente no fogo; as aves, grelhadas e servidas com legumes conservados, como picles; os ovos, cozidos em cinzas ou utilizados na mistura de molhos.

O pão não consta da lista, mas deve ter sido servido do começo ao fim do banquete; afinal, os assírios tinham 300 diferentes denominações para o pão.

Frutas frescas e em conserva também devem ter constado do banquete e, ao final, óleos perfumados para lavagem das mãos e do corpo. Incensos e substâncias aromáticas devem ter sido queimados por todo o recinto desse fenomenal rega-bofe.

Lamentavelmente todo esse patrimônio histórico está sendo dizimado pelos saques no atual Iraque. Assur, atual Sharqat, foi saqueada. Das duas colinas (*tells*) que restaram de Nínive (Quyunyk e Nabi Yunas), pouco foi poupado, e de outras cidades pouco se sabe.

A crueldade dos reis assírios está sendo castigada pela ignorância dos atuais governantes e senhores da guerra, que nada respeitam.

JOHNNY APPLESEED, O MODERNO DEUCALIÃO

UM HERÓI ANÔNIMO DA GASTRONOMIA,
EM UMA HISTÓRIA REPLETA DE MAÇÃS.

Quase todos os povos, de alguma forma, recontam o mito do dilúvio, seja em textos religiosos, seja em lendas. A versão grega, que nos foi descrita pela primeira vez por Apolodoro de Atenas, é bastante interessante: Zeus, irado com a maldade humana, resolve destruir os homens e pede a seu irmão Posêidon – o rei dos mares – e ao vento norte que o ajudem a inundar toda a Terra.

Ocorre que Prometeu, pai de Deucalião, fica sabendo das intenções de Zeus e avisa seu filho, que começa imediatamente a construir uma balsa e nela se salva com sua mulher, Pirra, filha de Pandora.

Após nove dias de tormenta, atracam no cume do Monte Parnaso e constatam que são os únicos seres vivos que restaram, ao que Pirra teria dito: "O que faremos vivos, num mundo de mortos?".

Vão consultar o oráculo da deusa Têmis, de cuja estátua, coberta de limo, sai uma suave voz que lhes diz: "Saí do templo, velai o rosto, desprendei vossos cintos e atirai para trás os ossos de vossa mãe".

Demoram algum tempo para entender que a mãe era a Terra e os ossos, as pedras – afinal os primeiros homens foram moldados a partir do barro –, e saem atirando pedras para trás. Das pedras jogadas por Deucalião renasceram os homens, e das jogadas por Pirra renasceram as mulheres.

Cada vez mais me parece que caminhamos para o destino que a frase de Pirra nos vaticinou, sermos vivos num mundo de mortos. O homem está conseguindo matar, agora não tão lentamente como no passado, sua Mãe Terra. Ocorre que, de tempos em tempos, aparece um moderno Deucalião, que, com seu esforço pessoal, consegue melhorar, um pouquinho que seja, a vida na Terra.

John Chapman foi um desses homens. Nasceu em 26 de setembro de 1774 na cidade de Leominster, Massachusetts. A família Chapman esteve bastante envolvida na Guerra da Independência norte-americana, e o pai de John perdeu suas duas fazendas na guerra.

Recomeçou sua vida com um viveiro de mudas, profissão que ensinou a seu filho, que a adotou entusiasticamente, com especial predileção pelas maçãs.

Aos 18 anos, John saiu de casa durante a corrida para o oeste norte-americano, para a conquista de novas terras e fortuna. Porém, ao contrário de todos os aventureiros e viajantes, o interesse maior de John era povoar o país com suas mudas. A partir desse ponto, a história confunde-se com as lendas, que, invariavelmente, mostram John espalhando mudas e sementes de maçãs por todo o oeste do país, tal qual um Deucalião repovoando a terra. Sabemos, hoje em dia, que dificilmente uma macieira cresce a partir das sementes, a não ser em condições muito especiais, mas são inúmeros os relatos e as gravuras que mostram o bom e velho John espalhando sementes e fazendo discursos sobre a necessidade de protegermos a Mãe Terra, para que ela nos retribua com seus frutos.

Muito provavelmente John não conhecia a frase de Pirra, mas, já no século XVIII, enxergava a necessidade de preservar a terra e gerar alimentos.

Os poucos relatos históricos confiáveis de que dispomos mostram um abnegado pregador que plantava pequenos jardins frutíferos, fazendo cerquinhas de proteção e longos discursos à população sobre a necessidade de boas frutas para a saúde, a proteção da terra e seu correto manejo. Por exemplo, John tinha suas preocupações com o fogo, segundo ele, eterno inimigo da terra e dos animais.

Ficou famosa a história sobre quando Chapman percebeu que as fogueiras acesas à noite atraíam e acabavam por queimar uma quantidade grande de insetos, comentando que "este fogo que serve para nos aquecer acaba por matar uma série de criaturas de D'us...". Seus discursos sobre o risco de queimadas e incêndios na floresta marcaram sua marcha para o oeste.

Por tudo isso, nos Estados Unidos, celebra-se no dia 26 de setembro o dia de Johnny Appleseed (Joãozinho Semente de Maçãs), como ficou conhecido John Chapman no folclore local. Um sem-número de livros infantis, canções e desenhos animados relembra a lenda e a história desse curioso personagem, baseada na vida e na história real de, provavelmente, um pioneiro da ecologia e da boa alimentação.

Por seu lado, a maçã virou um símbolo do *American way of life*. Frases como "An apple a day keeps the doctor away" [uma maçã por dia evita consultas médicas] ou "As American as apple pie" [tão americano quanto uma torta de maçã] refletem a importância dessa fruta na alimentação do povo norte-americano.

Pouco interessa que a torta de maçã seja uma invenção inglesa, pois a primeira menção escrita a ela data de 1381, nas anotações do chef de cozinha do palácio de Ricardo II, que foram compiladas no livro *The Forme of Cury*, de Samuel Pegge. Reproduzo a seguir a receita, em inglês medieval:

For lo Make Tartys in Applis

Tak gode Applys and gode Spryeis and Figys and reyfons and Perys and wan

they are wel ybrayed co-lourd wyth Safron wel and do yt in a cofyn and do yt

forth to bake well.

Numa interpretação livre, o trecho ficaria: "Para fazer Torta de maçã, tome fatias de maçãs, de figos e de peras e passas, misture com açafrão, espalhe sobre a massa e asse bem", sendo que a massa, *cofyn*, ou caixão, não levava açúcar, artigo raro na época, e não era consumida.

Após o trabalho de Johnny Appleseed, a maçã e sua torta viraram símbolos da América do Norte e de seu povo.

Isso para não falar do purê de maçã que acompanha o peru do Dia de Ação de Graças ou do suco de maçã no café da manhã, que, em volume de consumo, só perde para o suco de laranja. Tudo isso leva a um consumo de aproximadamente 10 quilos de maçã por habitante/ano nos Estados Unidos.

Em 2009, foram produzidos 60 milhões de toneladas de maçãs no mundo. Desse total, 50 milhões (84%) foram utilizados como insumos em indústrias. No mesmo ano, os Estados Unidos produziram 6 milhões de toneladas, dos quais apenas 2,4 milhões (40%) foram utilizados como insumo. Ou seja, sendo o segundo produtor mundial (o primeiro é a China, com 29 milhões de toneladas), o país é o maior consumidor da fruta *in natura*.

Os judeus assumiram o costume de ter a maçã em suas mesas de *Rosh Hashaná* para, com o mel, anteverem o doce gosto do ano que se aproxima. Assim, quando estivermos celebrando um ano que chega, lembremo-nos do bom Johnny Appleseed e lhe agradeçamos por seu enorme esforço e dedicação ao trabalho de povoar a América do Norte de frutas e, principalmente, por seu respeito à natureza.

LENDAS ANTIGAS, PEQUENOS ERROS E GRANDES RECEITAS...

Alguns erros resultaram em interessantes receitas. Algumas receitas resultaram em interessantes lendas.

A receita: *Crêpe Suzette*

A lenda: em 1895, o garçom Henri Carpentier, do restaurante Maître de Monte Carlo, lamentavelmente cometeu um erro ao preparar as panquecas da sobremesa de ninguém menos do que o príncipe de Gales, futuro Eduardo VII. Ao prepará-las, exagerou na dose de licor para banhar os crepes e o licor se inflamou no *réchaud*. Sem saber o que fazer, gritou "Voilà!" e serviu o prato.

O futuro monarca gostou tanto que teria perguntado o nome do prato, recebendo a improvisada resposta de *Crêpes Princesse*. Solicitou então que mudassem o nome para Suzette, sua companhia daquela noite. Dias depois, Henri recebeu um presente da França: um anel de brilhantes, um chapéu-panamá e uma bengala.

O fato: em 1895, Carpentier tinha apenas 14 anos e jamais seria designado para servir o príncipe. Depois, no entanto, ficou famoso, chegando a chef da casa Rockfeller. Repetiu essa história em diversas entrevistas e em seu livro, *Life à la Henri*.

Já em 1890 o grande Escoffier, um dos pais da culinária moderna, flambava crepes e dizia que havia resgatado a receita do início da Idade Média, quando era preparada para a festa da Virgem Maria, no dia 2 de fevereiro. Aliás, falando em lendas, tocar o cabo da frigideira dos crepes nesse dia, segurando uma moeda, dará muita sorte e fortuna a quem o fizer. Também vale a pena lembrar que a receita original é feita com calda de tangerina, muito mais sutil do que a calda de laranja, com a qual a receita se banalizou.

A receita: Molho *Beurre Blanc*
O erro: o belíssimo Castelo de Goulaine, no Loire, foi construído em 950 d.C. sobre ruínas romanas, reformado na Renascença e até hoje produz um dos melhores – e com certeza – o mais antigo *Muscadet* da França, utilizando uma técnica tradicional de usar a borra das cascas da uva, conhecida como *sur lie*. Seu Muscadet de Sevre et Maine Sur Lie – Cuvée du Millénaire é antológico. O castelo, seus vinhos e seu maravilhoso borboletário valem a visita.

Voltando ao erro histórico, o marquês de Goulaine ofereceria um cerimonioso jantar a visitantes estrangeiros. O comandante da cozinha do castelo, chef Clémence, teria pedido a um assistente que preparasse um molho *bérnaise* para a perca (uma parente da truta), que seria o prato principal. O desastrado aprendiz simplesmente se esqueceu de adicionar o estragão e os ovos ao molho, arruinando o cardápio. Em razão da pressa, pois os visitantes viajariam ainda naquela noite, o peixe teria sido servido com o molho improvisado e o nome de *beurre blanc* (manteiga branca). Agradou tanto que foi imortalizado. O chef Clémence abriu um restaurante em Nantes, onde Mère Michel conheceu a receita, levou-a para seu restaurante, em Paris, e daí ela se espalhou pelo mundo.

Apenas um severo lembrete: o molho *não* leva creme de leite em sua composição. É dessa forma que a maioria dos cozinheiros o assassina, segundo ácidas críticas do grande chef Antony Bourdain.

A receita: *Tortellini*

A lenda: na época em que os deuses andavam entre os humanos, eclodiu uma guerra entre as cidades-estado de Módena (a do aceto balsâmico) e Bolonha (a dos *tortellini* e capital gastronômica da Itália, e lá está o imortal e centenário restaurante Pappagallo para provar).

Em favor de Módena, alinharam-se Baco, Marte e Vênus. Defendendo Bolonha, Apolo e Minerva. Em meio à batalha e fugindo de uma derrota iminente, Vênus refugia-se em um pequeno albergue na periferia de Bolonha.

Na manhã seguinte, abandonada por seus aliados, puxa a corda da campainha e é atendida pelo dono do estabelecimento, pois sua serva também fugira.

Ao entrar, o pobre albergueiro encontra a deusa da beleza tentando esconder sua nudez nos lençóis e fica petrificado e hipnotizado com o pouquinho do corpo que um golpe de vento revela por baixo dos lençóis.

Completamente fora de si, o pobre homem corre para a cozinha e tenta reproduzir, com um pouco de pasta, o pedacinho da deusa que o vento revelara a seus pobres olhos de mortal, o umbigo.

Ainda tonto, sem saber como chamar a obra-prima, dá-lhe o nome de *tortellino*, aquilo que é torto em dobro.

Essa lenda de Giuseppe Ceri foi escrita no século XVIII e, *se non è vera, è ben trovata...*

O fato: tudo começou com os *ravioli*, as primeiras massas recheadas da Itália, criadas por volta do século XIII, provavelmente para aproveitar sobras de comida embalando-as em massa. No século XIV, apareceram os *cappelletti*, tentativa de um cozinheiro de diferenciar os recheios de queijo, da forma quadrada dos *ravioli*, que tinham recheio de carne e eram feitos em formato triangular; assim os *cappelletti* foram feitos com suas pontas unidas, na forma de um chapeuzinho, um *cappello*.

Ocorre que Bolonha, já então muito mais sofisticada em sua culinária, resolveu partir dos *ravioli* de carne e fazer seu *cappelletto* na forma de meia-lua, e não de um triângulo. Por ser uma operação muito mais delicada e para que os *tortellini* pudessem ter um tamanho único, dobrá-los tornou-se tarefa especial de mulheres com dedos finos, pois a massa deveria ser enrolada no dedo indicador da mulher. Virou tradição, nos restaurantes especializados na receita, haver uma estátua ou um pôster da artesã dos *tortellini*, como que para provar sua autenticidade.

É bom lembrar que os puristas somente admitem os *tortellini in brodo*, ou seja, apenas com caldo. Se pedir *tortellini* com molho, você corre o risco de ouvir um palavrão em alguns, felizmente poucos, restaurantes de Bolonha.

A receita: *Orecchiette*

A lenda: esta é uma lenda que depois se confundiu com a história real. Os famosos *orecchiette* descenderiam da nossa velha conhecida orelha de Hamman.

Como sabemos, os judeus estabeleceram-se na região do Trastevere, em Roma, por volta da época da destruição do primeiro Templo, formando assim, provavelmente, o mais antigo *ishuv* ocidental conhecido. Dessa forma, as orelhas de Hamman chegam à Itália, e a receita da pasta mais uma vez nasceu da necessidade. Sobras de massa eram enroladas em pequenos rocamboles, cortados em fatias e esmagados com o dedão, formando pequenos discos que, como recomenda a tradição, ao contrário dos *tortellini*, têm de ser um diferente do outro.

Em um dos muitos surtos antissemitas da Itália, provavelmente no século XV, deu-se à pasta o nome de *doce dos judeus*, mas de forma pejorativa, tripudiando o nome orelhas de Hamman: *orecchie-di-ebreo* ou *orecchie-di-giudeo*. No século XVII, durante o movimento anticlerical, na Sicília, o apelido mudou para *orecchie-di-prete* ("orelha de padre"). Com seus diversos nomes, acabou por se tornar uma especialidade das regiões de Lecce e Bari, conhecida, no entanto, em toda a Itália. Com o tempo, seu nome foi reduzido a *orecchiette* (orelhinhas).

NAVEGAR É PRECISO...
COMER TAMBÉM É PRECISO...

"Y era tanta la mortalidad, que por ordinario fallesían 6 y 7 y 8 y algún día 9 personas...."

(Diário de bordo de uma nau espanhola para as Índias)

Algum dos caros leitores já viu uma caravela em detalhes?

Em alguns parques ou em livros de estudo, podemos ver que a caravela era um barco rápido, de dois mastros, um convés e um castelo na popa; tinha, no máximo, uns 20 metros de comprimento e uma tripulação de 40 a 60 pessoas, com capacidade para 50 toneladas.

Já o que sempre achamos que era uma caravela era, na verdade, conhecida como nau, uma embarcação pesada, de três a quatro mastros, dois castelos (um na popa e o outro na proa) e, às vezes, mais de um convés. Tinha, no mínimo, 20 metros de comprimento e tripulação que ia de 190 a 220 pessoas, com capacidade para até 500 toneladas.

Só para exemplificar, Colombo saiu da Espanha com a nau Santa Maria e as caravelas Pinta e Nina. Já Cabral tinha uma frota de nove naus, três caravelas e uma naveta de mantimentos.

A grande vantagem das caravelas era que, por serem leves, podiam bolinar (navegar em zigue-zague quando havia pouco vento) e até, na falta de ventos, ser tocadas a remo.

O historiador peruano Rafael Varón nos transmite o relato de um mercador que fez a rota Europa-América:

> Foi muito difícil obter uma das escassas cabines privadas de 2 metros quadrados. O grosso da área disponível da nau era ocupado por mais de mil quilos de comida, apetrechos de cozinha e barris de água, vinho, vinagre e azeite.
>
> Os odores a bordo eram nauseabundos. A água, depois de 2 semanas, tinha gosto de lodo, e o vinho, de vinagre.
>
> Ratos, piolhos e baratas eram nossos maiores companheiros, especialmente na hora de dormir. Privacidade não havia nenhuma, e nossas necessidades eram feitas em público.
>
> Mas tudo isso era mais do que recompensado pelos altos lucros do ouro e da prata.

Entretanto, o que nos interessa hoje é o que levavam de mantimentos e o que comiam os bravos descobridores.

Como pudemos ver, o espaço a bordo era mínimo, e as condições de higiene e armazenamento, praticamente inexistentes. Uma nau costumava ter três despensas: uma para os homens da infantaria e eventuais civis/passageiros, uma para a tripulação e uma para os oficiais. Normalmente toda a embarcação tinha o seu despenseiro e, na nau capitânia, seguia o chefe dos despenseiros da frota, que em espanhol era conhecido como *tenedor de bastimentos* e cuja função principal era a guarda das chaves das despensas.

Algumas naus permitiam o fogo a bordo e, no convés, os marinheiros podiam cozinhar individualmente suas porções, se bem que a ocorrência de incêndios a bordo era temidíssima e, portanto, esse costume não era muito incentivado.

Alguns hábitos alimentares eram clássicos nos navios da época: domingos e terças-feiras eram dias de carne de boi.

O arroz era servido uma única vez por semana, na quarta-feira. Nos outros dias, pescado e cozido de grão-de-bico.

Terças-feiras, quintas-feiras e domingos eram também dias de distribuição de queijo.

Em qualquer dia da semana, havia biscoito, carne salgada e toucinho defumado.

Para os enfermos, galinha, biscoito branco, lentilhas, passas e, se possível, açúcar. O alho era proibido aos doentes e largamente consumido pela tripulação.

O consumo de água era livre, calculado em dois litros por tripulante/dia. O vinho era distribuído livremente aos oficiais, que o tomavam puro, e na base de meio litro por marinheiro, que o tomavam diluído em água.

O maior drama de uma viagem longa era a mortalidade que se abatia sobre a tripulação, quase sempre por causa de escorbuto, que é a falta de vitamina C no organismo. O homem é um dos raros animais que não conseguem sintetizar a vitamina C e, portanto, precisa adquiri-la por meio de alimentos, principalmente de frutas.

Por sua pouca durabilidade, não eram levadas frutas em longas viagens, e, pior, muitas das mortes eram atribuídas pelos médicos da época à degustação de frutas exóticas.

Somente em 1753, o cirurgião naval escocês James Lind publicou seu estudo intitulado *Tratado sobre o Escorbuto*, no qual provou que bastava o consumo de suco de limão ou de outros cítricos para eliminar o escorbuto a bordo.

A partir daí, os navios passaram a levar barris de suco de limão e a se abastecer de frutas cítricas nos seus destinos, praticamente eliminando a doença.

Outra fruta que fez muito sucesso depois das descobertas foi a melancia, que fornecia água e sustento, além de ter boa durabilidade.

Uma descrição do padre espanhol Eugenio Salazar conta como era uma refeição em uma nau espanhola:

> *Próximo do meio-dia colocavam-se os mantimentos em uma prancha no convés*
> *e os pratos de madeira ladeados por pedaços de biscoito. Um pajem então gritava:*
> *"Tabla, tabla, señor Capitan y mestre y buena campaña. Tabla puesta; vianda*

presta. Viva el Rey de Castilla por mar y por tierra! Quien le diere guerra que le corten la cabeza, quien no dijere amém que no le den beber. Tabla en buena hora, que no viniere que no coma...".

Os marinheiros gritavam "amém" e lançavam-se à carne com suas facas. Em mesa à parte comiam o capitão, o mestre, o piloto, o escrivão e o capelão. Em outras mesas, passageiros e oficiais.

O biscoito a que aqui nos referimos era uma massa de água, sal e farinha, que era muito resistente ao tempo e à umidade. Invenção italiana, muito contribuiu para a navegação da época. Seu nome revela o segredo, pois era assado duas vezes (*bis cotto*), o que aumentava sua durabilidade e resistência. Todavia, era duro como pedra e muito contribuiu para a perda de vários dentes dos marinheiros, ainda mais se considerarmos que um dos primeiros sintomas do escorbuto é uma inflamação da gengiva que os deixa moles.

Na Armada Espanhola, adotou-se um sistema curioso, em que cada navio tinha uma taberna, operada por terceiros, que a obtinham em licitação pública (embora o capitão e o contramestre do navio tivessem participação e sociedade obrigatória nos lucros). Nessa taberna os marinheiros podiam comprar livremente aguardente, doces, conservas, frutas secas, comidas em geral e roupas ou artigos de navegação. No entanto, eram proibidos de comprar comida nos portos e paradas, de forma a manter o faturamento da taberna. Em 1748, os marinheiros Jorge Juan e Antonio de Ulloa lideraram uma revolta a favor da permissão de livre compra de mantimentos, que finalmente foi liberada pela Armada Espanhola.

A seguir, mostramos o rol de mantimentos, embarcados na Espanha, de uma nau espanhola que costeava a América do Sul:

- . 900 QUINTAIS DE BISCOITOS ORDINÁRIOS
- . 100 QUINTAIS DE BISCOITOS BRANCOS
- . 140 PIPAS DE VINHO
- . 20 PIPAS DE VINHO DO COMANDANTE

- 280 BOTIJAS DE AZEITE
- 14 PIPAS DE VINAGRE
- 5 QUINTAIS DE CEBOLA
- 2 QUINTAIS DE SAL
- 1 QUINTAL DE ALHO
- 3 QUINTAIS DE AÇÚCAR
- 1.000 POTES DE 500 G DE MEL
- 15 PIPAS GIGANTES DE GRÃO-DE-BICO
- 6 QUINTAIS DE ARROZ
- 8 QUINTAIS ACOMODADOS EM BARRIS DE QUEIJO
- 63 QUINTAIS DE CARNE SALGADA DE VACA
- 40 QUINTAIS DE TOUCINHO
- 63 QUINTAIS DE ATUM E BACALHAU SECOS
- 40 PIPAS DE ÁGUA PARA USO
- 200 TONÉIS DE ÁGUA PARA CONSUMO
- 8 ARCOS DE FERRO POR PIPA PARA FIXAÇÃO E SUSTENTAÇÃO

Tudo isso afora cabras (6 a 8), galinhas (6 a 10), porcos vivos (3 a 6) e sua ração.

Para referência, 1 quintal equivale a 100 quilos, 1 pipa equivale a meio tonel, 1 tonel equivale a 1.000 litros, e 1 botija equivale a 4,5 litros.

Nas paradas (Canárias, Jamaica, Nicarágua e Honduras) eram embarcados mais víveres, animais vivos e frutas, principalmente laranjas e tortas feitas de mandioca, que substituíam o pão, chamadas de *cazabi*.

Um dos maiores problemas era a água, que, após alguns dias de navegação, se tornava lodosa e esverdeada, fazendo com que os marinheiros pouco a consumissem.

O capitão espanhol Pedro Fernandez de Queirós inventou um engenhoso coletor de água de chuva, que foi copiado por navegantes de todo o mundo e que, após uma boa chuvarada, coletava até 300 botijas de água. Os portugueses começaram a utilizar sementes de cacau para aromatizá-la e torná-la um pouco mais apetecível.

O vinagre não era só tempero: servia também de desinfetante e detergente. Não podemos nos esquecer de que, no passado, o vinagre era o ácido mais forte conhecido pelo homem.

Quando se iniciou o hábito de levar barris de suco de limão nas viagens, foi utilizado um método inventado pelos judeus do Egito, que diluíam suco de limão com água e misturavam cascas dele e especiarias para aumentar seu tempo de conservação. Esse método foi levado para a Espanha pelo rabi David Ben Zimra e de lá se espalhou para outros centros de navegação.

Embora com despensas razoavelmente bem sortidas, os cozinheiros não eram muito criativos, e a comida era mal preparada e apresentava pouca variação.

Os navios ingleses tinham a fama da melhor cozinha a bordo, assim como os portugueses tinham a fama da cozinha mais farta, mas de má qualidade. Espanhóis, italianos e holandeses não se destacaram nessa área.

Umas poucas naus de reinos do Oriente fizeram fama por seu luxo e sua culinária, mas restringiam sua navegação, no máximo, ao Mediterrâneo, nunca cruzando os oceanos.

A base da culinária era composta de cozidos, ensopados e, na véspera de dias santos, grelhados.

Curiosamente, o consumo de peixe era baixo e, por isso, pouco se pescava, algo que até hoje não tem uma boa explicação.

Exemplo pungente da falta do hábito de pesca dos portugueses é o episódio da Retirada da Laguna. Ocorrido em 1867, 1.300 soldados do Exército brasileiro passaram fome e necessidades quando perseguidos pelo Exército paraguaio. Metade deles morreu ou de fome ou de doenças em pleno Pantanal do Mato Grosso, um dos maiores celeiros de pescado do mundo.

Navegar era preciso, comer era fundamental. No entanto, aparentemente, a culinária foi relegada a segundo plano nos anos maravilhosos dos descobrimentos.

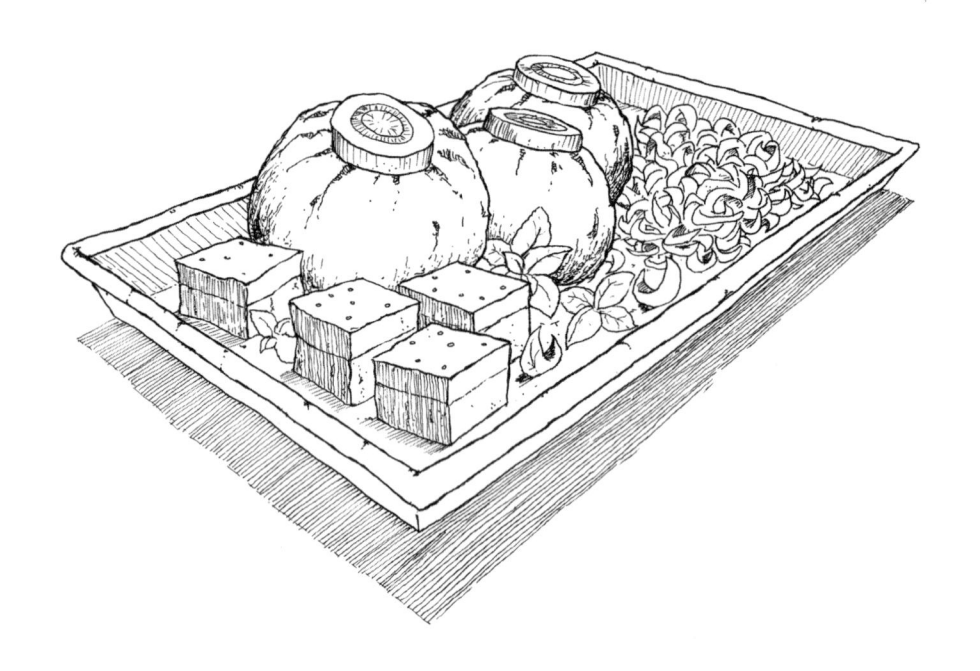

GEFILTE FISH, UNANIMIDADE
NAS MESAS JUDAICAS

"A festa era digna de um rei. O delicioso peixe recheado nos trouxe à mente o verso bíblico que fala das grandes baleias..."

(Chaim Bialik, "A Curta Sexta-Feira")

Um de meus sobrinhos me fez uma pergunta que ficou sem resposta: por que comemos *Gefilte fish* (peixe recheado, em ídiche) em todas as nossas festas?

Imaginei uma série de respostas para dar, mas todas elas terminavam com "porque sempre foi assim", e isso não é lá resposta que se dê. Bom, após um pouco de leitura e pesquisa, aí vai uma tentativa de resposta ao meu sobrinho.

Acho que devemos começar nos perguntando por que o peixe, para depois chegar ao *Gefilte fish*.

Alguns pontos são óbvios: o peixe é *pareve*, neutro, podendo ser combinado com qualquer outra comida, ainda que algumas comunidades ortodoxas prefiram não comer peixe e carnes juntos no mesmo prato; por exemplo, uma *vitello tonatto*. Tradicionalmente vão preferir, após uma entrada de peixe, limpar seu paladar com um pedaço de pão, um gole de vinho ou aguardente ou ainda, um *sorbet*, para depois comer carne. Em tempos antigos, algumas comunidades judaicas da Índia não misturavam peixe com leite ou seus derivados.

O peixe já nasce *casher* (desde que tenha nadadeiras e escamas), não necessitando ser manuseado, salgado e cortado, ou seja, no minuto em que sai do mar, do rio ou do peixeiro, está pronto para consumo, facilitando a vida da(o) cozinheira(o).

No entanto, tem seu significado histórico sempre associado à fertilidade, ao crescimento, à multiplicação, à abundância e à prosperidade – aliás não só entre os judeus, mas também entre outros povos, especialmente os orientais.

Dizem os nossos sábios que jantar peixe nos traz um gosto do paraíso, uma mística sensação de como serão os dias da era messiânica. No *Livro de Jó*, Leviatã, o monstruoso e demoníaco peixe, será derrotado na vinda do Messias, e os homens justos vão se banquetear com sua carne. Isso explicaria o altíssimo consumo que os judeus faziam de *hering*, carpa, e, hoje em dia, salmão.

Especialmente no *Shabat*, o peixe tem um significado marcante, uma vez que *dag*, a palavra hebraica que o nomina, tem o valor numérico de sete e, portanto, comer peixe no sétimo dia da semana teria um significado todo especial.

Os antigos acreditavam ainda que comer peixe em uma das três refeições do *Shabat* ajudaria os homens a evitar o julgamento de Gehenna, ou seja, uma possível ida para o terrível inferno ardente localizado no Vale de Hinnon.

Ocorre que separar as espinhas da carne comestível é considerado um trabalho e, portanto, não poderia ser feito durante o *Shabat*, mas apenas em sua véspera. Considerando-se o desconhecimento de maneiras de conservação do peixe, surgem duas teorias: a primeira considera a adição de temperos, especialmente a cebola, um modo de conservar melhor o peixe; a segunda afirma que bater a carne do peixe, eliminando as espinhas, e pré-cozê-lo na sexta-feira resolveria o problema da conservação e do trabalho.

Assim, o *Gefilte fish* nasceu como uma forma melhor de preparar o peixe para o *Shabat*, todavia diferente da maneira como o fazemos atualmente.

A carne era toda retirada, assim como as espinhas, e então batida e misturada com temperos e farinha de rosca (ou de *matzá*, no *Pesach*) e, depois, voltava a rechear a pele do peixe. Com isso também se conseguia aumentar o rendimento do prato, podendo-se quase dobrar sua quantidade.

O peixe era então envolto e amarrado em um pano (para não desmontar) e cozido no caldo feito com espinhas, cabeça e temperos. O caldo era ainda aproveitado para cozer batatas, que depois eram servidas, no sábado, em pedaços, num prato denominado *Fish kartoffel*.

Diversos livros de culinária medieval registram bolinhos de carne ou peixe, portanto podemos entendê-los como um hábito culinário de época transformado pelos judeus. Do mesmo período, registra-se a receita da *yullica*, no Iêmen, que são bolinhos de carne bem temperados.

Possivelmente o ancestral mais conhecido do *Gefilte fish* seja a receita egípcia do *Bellahat*, que também é um bolinho de peixe frito e servido com um grosso e condimentado molho de tomate, que deve ter chegado à Europa com a invasão moura.

Resta ainda a pergunta: por que a carpa?

Primeiro porque todo bolinho ou *quenelle* deveria ser feito com um peixe rico em gordura, para ter melhor consistência e sabor. Segundo porque a carpa, além de ser um peixe gorduroso, era e é superabundante nos rios da Europa e do Oriente, sendo, portanto, barata e de fácil obtenção.

Do *Shabat* para as grandes festas foi um pulinho, e o *Gefilte fish* transformou-se no prato oficial de nossas celebrações e numa das poucas coisas sobre a qual todos os judeus são unânimes.

Unânimes? Bem, nem tanto. Assim como existiu o famoso Paralelo 38 na Guerra da Coreia, a Linha Maginot na Segunda Guerra Mundial e outros divisores geográficos famosos, uma linha imaginária que passa ao norte da Polônia é chamada de Divisória do *Gefilte fish*. Ao norte, na Rússia, na Bessarábia, na Moldávia etc., o *Gefilte fish* é mais salgado e apimentado; ao sul, na Polônia, na Alemanha e na Áustria, a receita leva açúcar e às vezes até passas.

As receitas variam também quanto à quantidade de cebola; questiona-se, ainda, se a carpa deve ser misturada com traíra ou não e em qual proporção (universalmente foram convencionados dois terços de carpa e um terço de traíra), se os bolinhos vão ter uma ligeira coloração com açafrão, cascas de cebola ou outro condimento, se o *chrein* será misturado com beterraba ou cenoura etc. Senão não seria uma boa receita judaica, digamos melhor, quase unânime.

O fato é que o *Gefilte fish* é o prato de honra de qualquer boa celebração judaica. Que o digam os 2 milhões de vidros do prato pronto que a americana Manischewitz vende ao ano. Aproximadamente um vidro para cada dez judeus do mundo...

Fica assim respondida a pergunta do meu sobrinho.

De brinde, segue a receita do *Bellahat* egípcio para um próximo *Shabat*:

BELLAHAT

1 ½ KG DE PEIXE (PESCADA, BACALHAU FRESCO OU GAROUPA)

½ XÍCARA (CHÁ) DE FARINHA DE TRIGO OU DE *MATZÁ*

2 OVOS

5 DENTES DE ALHO BEM PICADOS

½ COLHER (CHÁ) DE COMINHO

SAL E PIMENTA-DO-REINO A GOSTO

Junte todos os ingredientes e bata no processador até obter uma massa grossa.

Deixe-a descansar na geladeira por 1 hora.

Passado esse tempo, com as mãos molhadas, separe porções de massa e molde bolinhas do tamanho de uma de pingue-pongue.

Frite-as em azeite abundante e escorra em papel absorvente.

À parte, faça um molho de tomate bem grosso. Coloque os bolinhos fritos para cozinhar no molho por 5 minutos. Tempere com gotas de limão e pimenta-do-reino.

Sirva com arroz ou salada.

O JANTAR DE TRÊS IMPERADORES

IMAGINE UM JANTAR EM QUE OS TRÊS HOMENS MAIS PODEROSOS DE SEU TEMPO SE ENCONTRAM APENAS PARA BATER PAPO E COMER.

Pois esse jantar aconteceu mesmo, em 7 de junho de 1867, em Paris, e dele participaram o czar Alexandre II; seu filho, o Tsarevich Alexandre, futuro Alexandre III; o cáiser Guilherme I da Prússia; e, de quebra, o príncipe Otto von Bismark, unificador da Alemanha.

O cenário

A Exposição Universal de Paris, inaugurada em 1.º de abril, era uma resposta de Napoleão III e dos franceses à Grande Exposição de Londres, ocorrida em 1862. Além da velha disputa por prestígio e liderança com o país vizinho, a França queria mostrar seu poder e avanço tecnológico. Realizada em uma área de 690 mil metros quadrados nos Champs de Mars, dos quais 150 mil metros quadrados foram destinados ao monumental Pavilhão Central, essa foi também uma forma de apresentar a nova Paris ao mundo, depois das geniais reformas na cidade e de seu planejamento urbano, realizados pelo barão Georges Eugène Haussmann, o arquiteto que reurbanizou Paris a pedido de Napoleão III. Além de todas as inovações, como o elevador hidráulico, o concreto reforçado e os gigantescos canhões projetados e fabricados pela Krupp, indústria que era exemplo da grandeza da Prússia, uma área foi destinada exatamente para expor o desenvolvimento social da humanidade, com modelos para construção de casas populares, novas técnicas de ensino e aprendizagem e até mesmo o projeto de uma vila operária desenvolvido pelo próprio Napoleão III.

No entanto, seu maior triunfo foi na área diplomática. Praticamente todas as cabeças coroadas, presidentes, chefes de Estado e de governo, ministros e líderes do mundo passaram pelos Champs de Mars durante os 217 dias do evento. Foi um recorde jamais visto de acordos, contratos, negociações e tratados.

O restaurante

O Café Anglais, o mais badalado restaurante de Paris no século XIX, foi fundado em 1802, no Boulevard des Italiens. Inicialmente era um local onde cocheiros e servos tomavam seu *English breakfast* ou faziam rápidas refeições. Seu nome foi uma homenagem ao Tratado de Amiens, que selou a paz definitiva entre França e Inglaterra.

Em 1822, seu novo proprietário, Paul Chevreuil, realizou uma reforma geral nas instalações, na decoração e no menu. O Café Anglais virou local da moda em Paris, além de se tornar uma tradição em grelhados e assados. Com a contratação do chef Adolphe Dugléré, em 1866, o Café Anglais passou a ser "o restaurante" de Paris e a servir pratos que fizeram história e foram copiados no mundo todo, como *Potage Germiny, Poulard à la d'Albufera, Sole Dugléré, Tournedos* Rossini e muitos outros.

Em 1913, o Café foi fechado para que o prédio fosse demolido e não abriu mais. Felizmente, sua adega e os painéis de madeira do salão

Grand Seize (onde foi realizado o memorável jantar), assim como parte da cutelaria, cristais e porcelana, foram adquiridos pelo genro de Claude Burdel (então dono do Café), André Terrail, que estava negociando a compra de um novo restaurante, o La Tour d'Argent, o mais antigo de Paris em atividade e que mantém todo esse material e as decorações originais à vista do público. Aliás, se acaso for lá algum dia, experimente um dos famosíssimos patos numerados.

Trata-se de uma receita criada ao redor de 1650 por espanhóis que se estabeleceram no Vale do Loire, adaptada pelo chef Méchenet de Rouen no início do século XIX e depois adotada pelo *maître* d'hotel Master Frédéric no La Tour d'Argent. O pato em questão só pode ser da espécie *challandais*, descendente dos patos originais capturados pelos espanhóis, e é assado de forma a ficar malpassado.

A cerimônia à mesa é quase uma liturgia, chamada de *Théâtre du Canard*, executada pelos *canardiers*, considerados os legítimos descendentes de Master Frédéric.

Pela ordem, retiram-se o peito (*magret*), as coxas e as asas. O *magret* é cortado longitudinalmente em fatias (*aiguillettes*). As asas são cozidas durante um bom tempo até formar um *consommé*, ao qual se adicionam vinho Madeira, conhaque, suco de limão e especiarias.

A carcaça do pato passa por uma prensa especial, e o suco resultante é acrescido ao *consommé*, formando um espesso molho aquecido e servido sobre as *aiguillettes*. As coxas são ligeiramente grelhadas e servidas com uma salada, à parte.

Master Frédéric teve a ideia de numerar seus patos e registrá-los em um livro. Dessa forma, é possível saber, por exemplo, que o rei Eduardo VII serviu-se do pato 328, que o 53.221 foi para o imperador Hiroito e o 938.401, para a mesa de Gorbatchev.

Vale muito a pena conhecer e experimentar.

O chef

Adolphe Dugléré nasceu em Bordeaux, em 1805, e morreu em Paris em 1884. Foi um dos discípulos preferidos de Carême (o rei dos cozinheiros e o cozinheiro dos reis) e, como seu mestre, foi chef de cozinha dos Rothschilds e depois chef do conhecido restaurante Les Frères Provençaux.

Em 1866, foi contratado como *grand chef* do Café Anglais e, a partir dessa data, os dois nomes seriam indissociáveis. Não se pode falar de um sem falar do outro.

Criou pratos e técnicas antológicas, como os peixes à *la Dugléré*, uma forma de assar peixes sobre um colchão de tomates *concassé*, cebola picada, salsinha, tomilho e um pouquinho de alho. É simples: coloca-se o peixe perfumado com vinho branco sobre o colchão e assa-se. O peixe é retirado, a assadeira é deglaceada, acrescentam-se algumas colheres de *velouté* e serve-se sobre o peixe.

Batatas Anna, criadas em homenagem a Anna Deslions, famosa por sua beleza, é uma espécie de pizza feita de batatas cortadas em fatias finíssimas arranjadas em uma fôrma redonda e assadas com manteiga e ervas. São ainda de sua criação a *Potage Germiny*, o *Soufflé à l'Anglaise* e muitos outros.

Dugléré foi amigo de muitos, de reis a artistas da época, tendo, por exemplo, participado do desagradável incidente entre Gioacchino Rossini (o compositor) e o *maître* Marcel Magny, que acabou resultando na receita do *Tournedos* Rossini.

Finalmente, o cardápio

❧ *Potages* — as sopas ❧

Impératrice e *Fontanges* — O *consommé Impératice* é um caldo de galinha enriquecido com cristas e rins de galos pré-cozidos, folhas de cerefólio e pontas de aspargos. Já a sopa *Fontanges*, criada em homenagem a Marie Angelique de Scorailles, *mademoiselle* de Fontanges, uma das amantes preferidas de Luís XIV, consta de um purê de ervilhas frescas misturado a caldo de carne e azedinha cozida e picada. Deve ser servida enfeitada com uma pasta feita de gemas de ovos e de creme de leite, colocada sobre o caldo quente.

❧ *Hors d'oeuvre* ❧

Soufflé à la Reine — Carême tinha acabado de aprimorar a arte de fazer suflês, e seu discípulo homenageou-o nesta receita, que leva miúdos de galinha, champinhons e trufas.

❧ *Releves* — primeiros pratos ❧

Filets de Sole à la Venitienne — O molho *venitienne* para peixes é uma receita original de Carême. O linguado é apenas cozido no vapor (*poché*) e, depois, coberto com um molho que parte do molho alemão e é complementado com estragão, manteiga, noz-moscada e vinagre de estragão. É um dos molhos mais complicados de fazer, pelo tempo e pelo ponto exato de cozimento.

Escalope de Turbot au Gratin — Conhecido por rodovalho, o *turbot* é um parente do linguado, mas bem maior que ele e de sabor mais delicado. Foi servido gratinado com pouquíssimo molho branco e queijo *gruyère*.

Selle de Mouton Purée Bretonne — A sela (*selle*) é um corte do cordeiro que deixa os dois lados do *mignon* em paralelo. No jantar dos imperadores, foi servida assada com um purê de alho-poró, vagens verdes e feijões brancos.

❧ *Entrées* — pratos principais ❧

Poulet à la Portugaise — A preparação *à la Portugaise* para peixes e frangos denomina o alto uso de tomate. Nessa receita, o frango foi assado temperado apenas com vinho branco, vermute seco e alho. À parte, fez-se um molho de tomates e de cebolas assados e depois deglaceados com vinho branco e servido sobre o frango

Pâté Chaud de Cailles — O patê quente de codornas (*Pâté Chaud de Cailles*) é uma terrina de codornas cozidas durante muito tempo e temperadas com vinho do Porto, depois colocadas em fôrma coberta de bacon e recozidas em banho-maria.

Homards à la Parisienne — A preparação *Parisienne* para frutos do mar (*Homards à la Parisienne*) apresenta-os com uma espessa maionese decorada com corações de alcachofra, ovos cozidos recheados de caviar e figurinhas decorativas feitas com *aspic*. Para o jantar, foi escolhida a lagosta, pela pompa e importância dos convidados.

Sorbets au Champagne — Já os *sorbets* são um hábito bem antigo para refrescar o paladar, preparando-o para a próxima leva de delícias. A única diferença é que Dugléré utilizou champanhe (*Sorbets au Champagne*), e não água, como base.

❧ Rôts — os assados ❧

Cannetons à la Rouennaise — A região de Rouen é famosa por seus patos (como o pato já apresentado). No jantar, provavelmente foi servido um pato assado e recheado com nozes, coberto por molho *bordelais* enriquecido com fígados de frango.

Ortolans sur Canape — O ortolão (*ortolan*) é uma minúscula ave que pesa cerca de 30 gramas, praticamente extinta pela gula humana. O ortolão sempre foi considerado uma das delícias históricas da gastronomia, muito provavelmente porque sua dieta, feita basicamente de sementes de uva, confere um sabor superespecial à sua carne. Era assado em espetos e servido sobre uma torrada. Hoje em dia é protegido no mundo inteiro, e sua caça é considerada crime ambiental grave na França.

✢ *Entremets* ✢

Cabe aqui explicar que os *entremets*, ao contrário de como são utilizados hoje, eram pratos do meio da refeição, servidos entre os assados e a sobremesa, e por isso mais leves.

Aubergines à l'Espagnole — As berinjelas à espanhola foram servidas grelhadas com um molho feito de tomate, pimentão vermelho, cebola e alho bem picados e refogados em azeite puro.

Asperges en Branches — Os aspargos, amarrados em delicados feixes, foram servidos cobertos com molho *bechamel*.

Cassolete Princesse — Já a *cassolete* é um pouco mais rara. *Cassolete*, na verdade, é o nome de uma pequena travessa funda, com duas abas, que acabou por denominar os preparados nela servidos. No jantar dos imperadores, provavelmente foi servido miolo de boi refogado em molho de trufas ou um patê defumado de peixes. Não se sabe ao certo.

✢ *Dessert* — a sobremesa ✢

Bombe Glacée — Essa é nossa velha conhecida bomba, só que confeccionada em molde gigante, recheada com sorvete, creme e macedônia de frutas, tudo servido gelado.

❧ *Vins* — os vinhos ❧

Os vinhos formaram um capítulo à parte e mereceriam, de fato, um texto mais aprofundado sobre eles:

Madeira — Retornado da Índia em 1810. Explique-se: os ingleses levaram muitos vinhos reforçados — como Madeira, Porto e Jerez — para a Índia. Por algum motivo, algumas garrafas retornaram e, quando abertas, revelaram que a viagem de navio tinha melhorado suas características, criando assim o hábito dos vinhos retornados, que obviamente eram mais escassos e bem mais caros.

Jerez — Retornado da Índia em 1821:
> *Châteaux d'Yquem* (1847)
> *Chambertin* (1846)
> *Châteaux Margaux* (1847)
> *Châteaux Lafite* (1848)

Uma estimativa rasa feita por especialistas sugere que um jantar como esse custaria cerca de mil euros por pessoa.

E, para espanto geral, ao sair, o czar Alexandre II reclamou que tinha ido a Paris, ao seu melhor restaurante, e não experimentara o famoso *foie gras*.

Muito sem jeito, o *maître* Claude Burdel explicou-lhe que não era costume da gastronomia francesa servir *foie gras* em junho, mas que, se ele pudesse aguardar até outubro, não se arrependeria. Promessa feita, promessa cumprida: em outubro, quatro gigantescas terrinas de *foie gras* foram enviadas aos quatro participantes do ilustre e histórico jantar.

IDIOTAS! ELES LEVARAM O DINHEIRO E DEIXARAM O *PASTRAMI*!

Essa foi a reação de Leo Steiner, dono da Carnegie Deli, após o único roubo a esta verdadeira instituição culinária de Nova York.

Em 1991, o âncora da CBS, Bob Simon, foi feito prisioneiro na Guerra do Golfo por 40 dias. Ao sair, cercado pela mídia e forças de segurança, seu único pedido foi "um sanduíche de *corned beef* da Carnegie Deli e seu picles".

E aí começa nosso papo sobre essas casas que moldaram o hábito de comer dos nova-iorquinos, judeus ou não judeus. Lançaram moda e receitas o Lox and Bagels, por exemplo, que popularizou o próprio *bagel*, um segredo só dos judeus até então, bem como o *cheesecake* e seu principal ingrediente, o *cream cheese*, o *pastrami*, a língua defumada, os "obscenos" sanduíches triplos, com meio quilo de recheio, a Cel-Ray Tonic e muitos mais, dos quais vamos falar adiante.

Tudo começou com imigrantes alemães e alsacianos, não judeus, que abriram pequenas mercearias no início do século XIX. Essas mercearias receberam um nome vindo do alemão, *delicatessen*, que designava a loja e alguns de seus produtos (delícias).

Com a imigração judaica também nesse período, surgiram dois problemas. O primeiro era a necessidade de fornecedores de comida *casher* – aliás, era por isso que os judeus tendiam a se concentrar em uma mesma região (no caso de Nova York, o Lower East Side), pois assim podiam comprar comida *casher* em ídiche.

O segundo era a existência de uma quantidade muito grande de homens solteiros que vieram "fazer a América" e não tinham uma *ídiche-mome* para cozinhar para eles.

Sendo a necessidade a mãe da invenção, alguns comerciantes judeus, que já tinham aberto as suas *delis*, começaram a servir alguns pratos caseiros – preparados por suas mulheres, pois quase todos moravam nos fundos das lojas – e depois passaram a servir alguns *forspeizen* (aperitivos, em ídiche) para essa clientela. Obviamente todas as *delis* eram *casher*. Com o tempo, as que mantiveram a *cashrut* e derivaram mais para os sanduíches e pratos rápidos ou bem serviam carnes ou queijos e peixes; estes eram salgados ou defumados. Isso acabou levando as que serviam carnes a ser consideradas mais como restaurantes e as de peixes/queijos, mais de *appetizers*, aperitivos.

Também com o tempo, muitas delas deixaram de ser *casher*, passaram a se autodenominar *kosher style delis*, para lembrar suas raízes judaicas, ou, como muitos jocosamente apelidaram, *glatt treff delis*.

Entre numa *deli* e peça um 211 de CB Dress com Pistol, que poderá ser acompanhado de Adam's Ale ou grade A. Na verdade, no dialeto único das *delis*, você estará pedindo um prato duplo (211) de *pastrami* (pistol) com *corned beef* (CB) e *cole slaw* com molho russo (*dress*), que virá ou com um copo d'água (Adam's Ale) ou com leite (grade A). Lá tudo tem seu nome: Burn (*milk-shake* de chocolate), Clean up the Kitchen (hambúrguer com *hash brown*), Combo (presunto e queijo), Dutch (qualquer prato com queijo), Eighty-Seven and a Half (uma mulher bonita que está chegando),

First Lady (costeletas), One-Off (salsicha), One-With (salsicha com chucrute), Wing-Ding Set Up (copo com gelo) e por aí afora, ou seja, um verdadeiro dicionário.

Já que falamos de seus nomes, vamos agora à história de alguns dos astros dessa epopeia.

Sempre me intrigou da onde viria o Corned (de *corn*, milho) do Corned Beef. Pois bem, vem do fato de que a carne é curada com sal grosso, que os americanos chamam de *kosher salt*, mas de *casher* não tem nada, porque sal é neutro. Ele é chamado de *kosher* porque é utilizado na casherização da carne e tem grãos do tamanho de um grão de milho, daí o nome.

Seu eterno colega, o *pastrami*, foi inventado na Turquia com o nome de *bastrma*. Essa carne era seca ao tempo e depois curada com sal e pimenta.

Os imigrantes romenos levaram sua receita para Nova York, e, entre romenos e russos, ela chegou às *delis*, que a sofisticaram curando-a com ervas e especiarias; depois, defumando-a, as *delis* divulgaram-na ao mundo.

Já os picles, como os americanos chamam os pepinos e tomates verdes em conserva, vieram mesmo com os russos e foram imortalizados pela loja do polonês Izzy Guss, fundada em 1920, a Guss Pickles, que os vendia em barris, na calçada. Dizem que seu segredo era uma marinada que levava sementes de coentro, de mostarda, louro, alho, pimentas vermelhas e, claro, sal e dill (endro). Até hoje, os picles são vendidos em quatro graduações: *new dill pickle*, ainda crocante e verde; *half sour pickle*, ainda verde, mas já maturado; *three-quarter pickle*, aquele do jeito que nossas *babes* faziam; e o *full sour pickle*, bem maturado, verde-escuríssimo e de sabor muito forte. É simplesmente inconcebível sentar-se numa *deli* e não encontrar uma tigelinha com picles de pepinos e, se der sorte, tomates verdes.

Outro magno astro das *delis* é o *lox and bagel sandwich*. Aqui tudo tem história: o *lox* vem da palavra ídiche *lachs*, como era chamado o salmão preservado apenas em sal (como o bacalhau) e que vinha em barris.

Com o tempo, foram surgindo outros modos, como a cura com sal e açúcar mascavo e a posterior defumação. Os judeus introduziram o hábito de defumação do salmão, mas conservaram o nome, que hoje designa qualquer tipo de salmão. O *cream cheese* começa sua história em 1882, quando os irmãos Breakstone, imigrantes da Lituânia, abriram uma lojinha no Lower East Side para vender manteiga, queijos e creme de leite. Em 1920, tomaram conhecimento da receita de um fazendeiro que tentou imitar o queijo francês Neuchatel e resolveram utilizá-la, chamando o novo queijo de Filadélfia, por ser lá o berço das liberdades democráticas norte-americanas. Pouco tempo depois, a empresa e sua receita foram vendidas para a Kraft.

Já o *bagel* foi possivelmente inventado em Viena em 1683, durante o sítio da cidade pelos turcos, e teria sido desenvolvido por dois soldados poloneses que vieram com a cavalaria do general Sobieski salvar a cidade. Sua forma arredondada homenageia os estribos da cavalaria vitoriosa e, daí, do alemão *bügel* para o ídiche *beigel* e para o inglês *bagel* foi um passo.

Resta-nos descobrir quem foi o gênio iluminado que combinou esses três ingredientes no sanduíche que virou um símbolo das *delis* e de Nova York. Uma das lendas conta que teria sido um pedido do cantor e comediante Al Jolson, feito pelo rádio a um dono de *deli*, avisando-o de que passaria lá depois do show para comer o tal sanduíche.

Cada ingrediente e cada receita têm uma história, mas e as *delis* em si?

A Katz, uma das primeiras da cidade, é de 1888, e hoje está na 206, E. Houston St.

Lá foi criado o famoso *Send a salami to your boy in the Army* durante a Segunda Guerra Mundial; além disso, a Katz é uma das poucas *delis* em que existe o *self-service*, com direito a experimentar uma fatia de *pastrami* ou CB.

Durante a Segunda Guerra, inspirado pela canção "So long, mom", cuja letra diz: *Remember, mommy, I'm off to get commie, so send me a salami and try to smile somehow...*, os donos começaram uma campanha para que famílias e amigos mandassem um salame para os filhos e amigos que estavam combatendo na Europa e na Ásia. A campanha foi um sucesso e gerou uma piada que contava que, em determinado local, o salame fora responsável pelo término da batalha, pois, tendo os americanos ficado sem obuses para seus canhões, dispararam salames contra os inimigos, que gostaram tanto deles que se renderam para obter mais daquelas delícias.

Até hoje a Katz mantém a campanha e tem acordos especiais com os correios e Forças Armadas para que seus salames cheguem a qualquer lugar em que elas estejam atuando.

As duas concorrentes da 7th Ave., a Carnegie e a Stage, chegaram a protagonizar a Guerra do Pastrami em 1988, que, de acordo com os jornais, foi vencida pela Carnegie, porque esta curava seus *pastramis* no próprio local; de resto, ambas empatavam em tudo. A Carnegie (no número 854 da avenida) foi aberta em 1937 e põe o foco em seus gigantescos sanduíches, únicos e deliciosos.

Já a Stage (no número 834 da avenida), além dos sanduíches, tem um cardápio de seis páginas com todas as comidas que possam passar pela cabeça de uma *ídiche-mome*. Quando lá estiverem, não deixem de notar as garçonetes, com idade, aspecto e discurso de uma *ídiche-mome*.

Nunca vou me esquecer de quando lá estive pela primeira vez, com meu pai, e vi a garçonete lhe dizendo, depois de ele ter pedido um gigantesco sanduíche: "Como o senhor pediu, eu vou trazer, mas, na sua idade, isso não faz bem à saúde...".

Também aberta em 1937, a Stage tem entre suas lendas o fato de ter recusado a entrada aos Beatles, que lá foram fazer um lanche antes de sua histórica gravação do programa Ed Sullivan (o estúdio fica ao lado da *deli*), porque o então dono, Max Asnas, que nunca tinha ouvido falar deles, achou-os meio esquisitos. Depois, quando lhe contaram quem eram os quatro rapazes, eles puderam fazer sua antológica refeição.

A Russ & Daughters (85, Orchard St.), aberta em 1900, é uma legítima representante das *delis* que optaram por peixes e queijos. Seus defumados são únicos, e sua vasta coleção de salmões preparados de todas as formas é inigualável.

A Junior's, com seu imbatível *cheesecake*, começou no Brooklyn em 1929. Legiões de frequentadores iam para lá a fim de provar uma das inúmeras receitas de *cheesecake*, sendo seus maiores fãs os irmãos Gershwin, que compuseram muitas de suas músicas nas mesas de fórmica da Junior's. Hoje ela tem uma filial em Manhattan, na W 45th St., entre a Broadway e a 8th Avenue.

Para variar, vamos terminar sem conseguir contar tudo o que há para contar; então escolho a 2nd Ave. Deli, a mais famosa e querida de todas.

Em 1954, Abe Lebenwohl abriu sua *deli* com a filosofia de bem atender. A trivial salada de fígado virou um símbolo local, com as históricas esculturas dos heróis da cidade que Abe fazia. Seu *pastrami*, curado lá mesmo, foi comentado em livros e filmes.

Entretanto, o mais importante era o atendimento. Contam-se muitas histórias de alguém que não tinha dinheiro e não pagou ou dos sanduíches que Abe fazia questão de levar pessoalmente para os que, por algum motivo, não podiam sair de casa. Tive a honra de conhecê-lo e anotar algumas de suas receitas antes de sua trágica morte em um estúpido roubo de rua.

Ele se foi, mas sua filosofia ficou. No trágico 11 de Setembro, a 2nd Ave. Deli lá estava servindo bombeiros e voluntários sem nada cobrar. Fechou suas portas em 2006 e, para enorme alegria de seus fãs no mundo inteiro, reabriu na 162, E 33th St., entre a Lexington e a 3rd Avenue.

O PRIMEIRO GRANDE BAILE E O ÚLTIMO
SUSPIRO DO IMPÉRIO

Por volta das 22 horas, quando adentrava o salão,
Dom Pedro II tropeçou e, ironicamente, comentou:
"O imperador tropeçou, a Monarquia não caiu".
Seis dias depois, era proclamada a República.

A ideia de fazer um baile para mostrar aos brasileiros e ao mundo (principalmente aos nossos vizinhos da América do Sul) que tudo estava bem no Império partiu do visconde de Ouro Preto, presidente do Conselho de Ministros. A princípio, a data escolhida foi 19 de outubro, mas a morte do rei Dom Luís de Portugal, sobrinho de Dom Pedro, adiou a festa.

O primeiro grande problema foi achar o local, uma vez que se desejava pompa, mas não se poderia correr o risco de um levante ou revolta;

por isso foram descartados o Palácio de Petrópolis e o Paço Imperial, por serem considerados inseguros. Foi escolhido o recém-inaugurado Palácio da Ilha Fiscal, antiga Ilha dos Ratos.

A verba de 100 mil contos de réis veio do Ministério de Viação e Obras Públicas, retirada de uma dotação de emergência criada para os flagelados da seca no Ceará.

Dois mil convites foram enviados a pretexto de uma homenagem aos oficiais do couraçado chileno *Almirante Cochrane,* quando na realidade todos sabiam que seriam comemoradas as bodas de prata do casal Princesa Isabel e Conde D'Eu.

Três semanas antes do evento, não se encontrava um único traje de festa nas lojas do Rio. Cabeleireiros foram marcados com semanas de antecedência, e as convidadas que só conseguiram horário um ou dois dias antes chegaram a ficar sem dormir ou tomar banho para não desmanchar o penteado.

O jornal *Tribuna Liberal* do dia 10 de novembro de 1889 destacou num comentário sobre as joias "o brilho e o ruge-ruge das sedas, os colos salpicados de brilhantes, safiras, esmeraldas e os diademas rutilantes dos penteados".

O colunista Desmoulins, do *Correio do Povo,* por sua vez, citou o mau gosto a que se entregaram muitos dos convidados. Criticou ainda os homens que, no salão, mantinham seus chapéus ingleses do Wellicamp e do Palais Royal enfiados na cabeça.

As roupas das mulheres foram adquiridas nas lojas sofisticadas da Rua do Ouvidor, no centro do Rio, e os cabelos, penteados por cabeleireiros franceses da Casa A Dama Elegante, na mesma rua. Já os homens abusavam das brilhantinas inglesas da Fritz Marck and Co., tanto no cabelo quanto no bigode.

Apenas os homens da corte e os militares tiveram acesso aos barbeiros especializados em cortar bigodes à *titlé* (garoto esperto), *chicard* (chique), *grognards* (soldados da Guarda Napoleônica) e *rostillon* (cocheiro de carruagens de gala).

De acordo com o *Jornal do Commercio*, em sua edição de 11 de novembro de 1889, a Ilha Fiscal e o cais Pharoux (de onde saíam as barcas para a ilha, atual Praça XV) foram transformados em um cenário encantado, onde *demoiselles* vestidas de fada e de sereia recepcionavam os convivas.

Um gerador foi instalado na ilha para fornecer luz a centenas de balões e lanternas venezianos e chineses. Os holofotes de todos os navios à volta iluminavam o céu.

A Confeitaria Paschoal, que servia a Família Real, ficou com a metade da verba que seria destinada aos flagelados da seca. Foram contratados 150 garçons, 48 cozinheiros, 60 ajudantes e mais de 200 serviçais de limpeza. Na decoração, foram utilizados 24 pavões empalhados, que decoravam os cantos das mesas, gigantescos candelabros de prata e muitas flores. A seguir, a lista dos ingredientes entregues na ilha:

. 3 MIL SOPAS DE 22 QUALIDADES

. 50 PEIXES GRANDES

. 800 LAGOSTAS

. 800 QUILOS DE CAMARÃO

. 500 TIGELAS DE OSTRAS

. 100 LATAS DE SALMÃO

. 3.000 LATAS DE ERVILHAS

. 1.200 LATAS DE ASPARGOS

. 400 SALADAS DIFERENTES

. 200 QUILOS DE MAIONESE

. 800 LATAS DE TRUFAS

. 12 MIL FRITURAS

. 3.500 PEÇAS DE CAÇA MIÚDA

. 1.500 COSTELETAS DE CARNEIRO

. 1.300 FRANGOS

. 250 GALINHAS

. 500 PERUS

. 800 INHAMBUS

. 50 MACUCOS

- 300 PRESUNTOS
- 64 FAISÕES
- 80 MARRECOS
- 12 CABRITOS
- 600 GELATINAS
- 300 PUDINS
- 800 PRATOS DE PASTELARIA
- 400 DOCES DE FIOS DE OVOS
- 20 MIL SANDUÍCHES DIVERSOS
- 14 MIL PICOLÉS
- 5 MIL QUILOS DE FRUTAS
- 10 MIL LITROS DE CERVEJA
- 188 CAIXAS DE VINHOS DIVERSOS
- 80 CAIXAS DE CHAMPANHE
- 10 CAIXAS DE VERMUTE FRANCÊS E ITALIANO
- 16 CAIXAS DE LICORES E CONHAQUES
- 100 CAIXAS DE ÁGUA MINERAL

O ministro das Relações Exteriores, o visconde de Cabo Frio, ao tomar conhecimento de que havia perus no cardápio, ficou preocupado com o que pensaria a comitiva do governo peruano que estava presente. Mandou então que escondessem as aves no porão e que não fossem servidas. A notícia vazou, e um grupo de nobres senhores subornou o proprietário de uma embarcação para furtar as aves, mas foram descobertos e detidos pela polícia.

As estimativas de convidados presentes variam de 3.500 a 5.000, e os jornais da época ficaram escandalizados com o comportamento dos convidados. O engenheiro André Rebouças, único negro convidado, comentava no dia seguinte: "Foi uma bacanal!".

Duas orquestras completas tocavam na ilha, além de uma que tocava a bordo do *Almirante Cochrane* e da Banda da Força Militar, que executava polcas e lundus no cais para o povão.

As partituras eram editadas com requinte pela Casa Buschman e Guimarães, responsável pela publicação do Hino Chile-Brasil, composto por Francisco Braga para saudar os visitantes e canção obrigatória nas assim chamadas festas chilenas, realizadas entre outubro e novembro de 1889.

Os cartões de dança das mulheres, que foram encontrados na Ilha Fiscal após o baile, junto a ligas e espartilhos, revelam que a *pièce de resistance* foi uma sequência alternante em três tempos: fantasia, valsa, minueto, valsa, fantasia e valsa novamente. O som de fundo era feito com trechos de óperas de Verdi, Boccherini, Waldteufel, Metra e Auber. Os cartões são uma das curiosidades da época. Neles, as damas anotavam o nome dos cavalheiros com quem haviam se comprometido a dançar.

As danças só começaram às 23 horas, depois que a Princesa Isabel e seu marido, o Conde D'Eu, chegaram – dizem que a princesa e seu marido eram verdadeiros pés de valsa. Entretanto, a confusão começou quando descobriram que havia gente demais e um só banheiro para toda aquela multidão. Os cavalheiros não se intimidaram e usaram a beira do cais, mas as mulheres tiveram de esperar os criados que foram mandados às pressas ao continente a fim de providenciar baldes para ser colocados por baixo dos vestidos.

À meia-noite soaram os trompetes, indicando que a mesa estava posta. No entanto, o comportamento dos convidados deixava muito a desejar, e a Família Real viu-se obrigada a deixar a festa logo após a sobremesa. Dom Pedro II, com sua histórica frugalidade, nem jantou. Nunca escondeu que sua preferência era a canja que lhe era servida nas três refeições diárias. Muito provavelmente teria chegado ao Palácio e aí sorvido sua amada canja.

O baile estendeu-se até as 6 da manhã, quando a equipe de limpeza começou a trabalhar. De acordo com o relatório do encarregado, foram encontrados, entre garrafas, copos e pratos quebrados, 37 lenços, 24 cartolas, 8 corpetes, 3 coletes de senhora e 17 ligas.

Por motivos não explicados, todas as fotos (Dom Pedro era um entusiasta da fotografia) feitas no baile desapareceram.

Para finalizar, a receita da canja que Dom Pedro II provavelmente tomou após o baile, receita, aliás, simples como ele:

CANJA DE DOM PEDRO II

Assada uma galinha, assa-se o fígado dela, o qual, depois de pisado, deite-se em uma pequena [tigela] de mostarda já preparada, e logo que tiverem derretido meio arrátel [1 arrátel = 460 gramas] de toucinho e limpo dos torresmos, frijam-se nela 2 cebolas picadas, e na mesma sertã [caçarola] lhe deitarão a mostarda misturada com o fígado, para que tudo se torne a frigir. Tempere-se com pimenta, cravo, noz-moscada e cardamomo, de sorte que fique bem picante.

Deite-se caldo e arroz cozido. Pronta essa potagem [sopa], põe-se a galinha assada em pedaços no prato com a potagem e sumo de limão por cima.

Essa é a receita original de Domingos Rodrigues, que foi o cozinheiro da avó de Dom Pedro em Lisboa.

Aqui no Brasil, até por preferência do imperador, a galinha era substituída pelo macuco, muito abundante na época.

SÓ PERU MORRE DE VÉSPERA...

Algumas vezes, passo por situações em que me sinto como os velhos sambistas do Rio de Janeiro, que, ao presenciar algum fato do cotidiano, diziam: – Isto dá samba...

Pois, vira e mexe, em algum lugar, acontece um fato culinário que me dá uma vontade enorme de contá-lo aos leitores e penso: – Isto dá uma história.

Nas festas de final de ano, é sempre a mesma coisa. Quantas – e repetidas – vezes não encontramos um belo peru assado nessas festas? Nem falo de um bem preparado, o que é bastante difícil, pois sua carne, por diversos motivos, tende a secar, mas apenas de um peru servido.

Antes de mais nada, uma valiosa informação: peru não tem acento, nem o país nem a ave. Isso é castelhanismo. Oxítonas terminadas em "u" não têm acento.

Esclarecido o acento, vamos ao nome. Por que essa ave leva o nome de diversos países em diferentes línguas?

Em Portugal ganhou esse nome porque, no século XVI, quando lá chegou, tinha o nome de "galo do Peru", por acreditarem nossos descobridores que a ave era originária de lá. Desfeito o engano, ficou o nome.

Pelo mesmo motivo, leva o nome de *dinde*, ou *dindon*, em francês. Aportou na França com o apelido de *poulet d'Inde* (galo da Índia). Com a contração da palavra, ficou o nome definitivo.

Já o *turkey* inglês tem duas teorias. A primeira tem a mesma raiz das anteriores, ou seja, por acreditarem que a nobre ave vinha da Turquia, deram-lhe o nome errado, até por inicialmente terem-na confundido com a galinha-d'angola (em inglês, *guinea fowl*). Uma segunda teoria conta que, por ter sido trazido para a Inglaterra por mercadores judeus expulsos da Espanha, o nome derivaria do hebraico *tukki*, atribuído, na verdade, ao pavão.

Falando em pavão, ambos são primos diretos, sim, e pertencem à mesma família dos fasionídeos, da qual também faz parte o faisão. Aliás, esses primos têm o hábito de, para impressionar a fêmea, abrir as penas da cauda em leque, que também são muito apreciadas pelos humanos para enfeites e fantasias de carnaval (as do pavão), para espanadores (as do peru) e para canetas de pena, quando existiam (as do faisão).

Como não tem as lindas penas do pavão, na época de cruzamento o peru muda a característica cor vermelha de seu pescoço e de sua cabeça para um azul arroxeado.

Embora menos bonitas que as do faisão, as penas do peru são abundantes. Uma ave adulta chega a ter 3.500 penas, distribuídas por um corpo que pode pesar entre 8 e 10 quilos e alcançar até 1,20 metro de altura. Aves crescidas em granjas, com alimentação e cuidados especiais, chegam a 15 quilos.

O peru voa, mas essa não é sua especialidade: voa feio e em distâncias curtas. Entretanto, é excelente corredor, capaz de atingir 45 quilômetros por hora.

Voltando à questão dos nomes, como digo quando comento a respeito do jantar do baile da Ilha Fiscal (página 115), em que, durante o preparo da ceia, o ministro das Relações Exteriores, o visconde de Cabo

Frio, imaginou que a inclusão de perus no cardápio ofenderia a delegação peruana convidada para a festa. Como não havia mais tempo, as aves foram presas no porão do palácio, de onde foram soltas por uns tantos nobres embriagados em meio ao baile. Nobres e perus foram presos; o baile continuou.

Na verdade, o nosso querido amigo vem de duas diferentes regiões do México: Yucatán, onde a ave selvagem não pôde ser domesticada e acabou por desaparecer, e do norte, onde recebia o nome de *gallo pavo*, que começou a ser domesticado cerca de 1.500 anos atrás.

As referências históricas indicam que o primeiro europeu a ter contato com o peru foi Hernan Cortez, em sua viagem de 1519.

Em 1525, já havia fazendas de criação de perus na Itália; em 1530, na Espanha; e em 1538, na França. De fato, ao contrário das recentes comidas do Novo Mundo, como a batata e o tomate, a princípio rejeitados, o peru foi entusiasticamente aceito como substituto de gansos e pavões, que eram mais servidos em ocasiões festivas. No reinado de Elizabeth I, o peru já era ingrediente das famosas tortas inglesas, e, em 1615, o cozinheiro britânico Gervase Markham causou furor ao escrever que a melhor maneira de servir peru era assado ao molho de cebolas, com vinho clarete, suco de laranja e casca de limão ralada.

Em 1541, o puritano arcebispo Crammer colocou o peru em sua lista de pecados da gula.

Acontece que o bichinho fora para a Europa, tornara-se popular e suas receitas retornaram para a América com os peregrinos, os fundadores da pátria norte-americana, que o reencontraram nas terras que viriam a ser os Estados Unidos. Daí surgiram as tradições americanas relativas ao peru.

Na fundação da nação, Benjamin Franklin propôs que o peru fosse o símbolo do país, em vez da águia (a *bold eagle*). Para ele, a águia era muito agressiva, e o peru representaria melhor os objetivos pacíficos dos pioneiros. Sua ideia foi derrotada, e os tempos modernos mostram que, se havia propósitos pacíficos, estes foram esquecidos.

Outra tradição está relacionada à celebração do final da colheita, na última semana de outubro, que durava três dias. É bem provável que o peru não fosse servido nessa ocasião. No entanto, por ser considerado uma ave festiva entre europeus e indígenas, foi incorporado a essas comemorações e virou símbolo do Dia de Ação de Graças, em agradecimento a D'us por suas dádivas.

O recheio é questão fundamental no preparo do peru. São casos clássicos a farofa rica no Brasil, as nozes e, principalmente, as castanhas na Europa. Há ainda o clássico preparo *souvaroff*, do século XVIII, com recheio de castanhas e trufas para faisões e perus. Uma curiosidade que deve ter sido aprendida com os indígenas americanos é o recheio de ostras.

Em 1635, o livro *O Cozinheiro Francês*, de La Varenne, recomendava recheio com ostras à milanesa, cogumelos, cebolas e ervas. De 1683, o livro holandês *O Cozinheiro Sensível* tem uma deliciosa receita de peru recheado com ostras, ervas e fatias de limão. Embora clássicas, as receitas de recheio de ostras caíram em desuso e atualmente são preparadas apenas nos Estados Unidos.

Com essa curiosa história, o peru entrou nas cozinhas para ficar, embora ainda seja pouco consumido entre nós. Assar um peru é meio trabalhoso, principalmente porque sua carne fica seca se não é preparada de maneira adequada.

Agora seguem algumas dicas para assar um peru com menos riscos de obter uma carne muito seca:

1. O recheio pode ser um grande vilão: se, por um lado, ao ser assado junto com a ave, ele pega o "gostinho" do tempero, por outro lhe rouba muita umidade. O ideal é recheá-la com ervas, salsão, fatias de laranja sem casca, cebolas e erva-doce e levá-la ao forno. Depois de assada a ave, elimina-se o primeiro "recheio", substituindo-o pela farofa desejada.

2. A vinha-d'alhos é muito importante. Aconselha-se deixar a ave marinando por 24 horas, aplicando a vinha-d'alhos com uma seringa injetora de temperos, principalmente no peito, a cada duas horas.

3. Bata um bulbo de erva-doce no liquidificador e coe em um pano, espremendo bem a polpa. Misture esse suco com manteiga amolecida ou margarina e, cuidadosamente, antes de assá-la, passe essa pasta entre a pele e a carne da ave.

4. Outra solução, embora menos *casher*, para resguardar a umidade da ave é lardeá-la, ou seja, cobrir, principalmente o peito, com fatias de bacon.

5. Asse o peru sempre coberto com papel-alumínio, e a cada meia hora molhe-o com a vinha-d'alhos, ao mesmo tempo que injeta a mistura na ave. Quando faltarem cerca de 10 minutos para terminar de assar, retire o papel e, com um pincel, besunte o peru com uma mistura de um pouco de *shoyu* com *ketchup* para dar-lhe aquela cor bonita vista nas fotos de revista.

6. O peru é sempre assado com o peito voltado para cima. O calor faz os sucos subir e caminhar para a periferia. Com o peito para cima, a ave ficará mais úmida.

Conta uma lenda caipira que o pavão estava muito triste por ser a mais bela das aves mas não poder voar e, por sua vez, o urubu estava deprimido por poder voar, mas ser a mais feia das aves. Encontraram-se os dois e chegaram à conclusão óbvia: iriam cruzar, gerando rebentos com as melhores características de um e do outro.

Nasceu o peru, que é feio e não voa, mas é delicioso...

O CALDO DO ESQUECIMENTO

"E, depois de tomar o espesso caldo preparado por Meng-Po, a alma retorna como ser humano ou animal, esquecida de seu passado, a uma vida nova. Assim está escrito."

Niang-Niang

Nós ocidentais sempre tivemos a presunção de que as relações dos homens com D'us estivessem mais do que bem descritas e resolvidas na Bíblia e no Corão, abrindo pequenas e piedosas concessões ao confucionismo e ao taoismo. Existe a tendência de nos esquecermos de que os orientais lidam com seus deuses há bem mais tempo do que nós lidamos com nosso único D'us.

E, curiosamente, em uma análise mais cuidadosa, é possível encontrar paralelos interessantíssimos.

Caiu-me nas mãos um artigo do excelente jornalista peruano Jorge Salazar, que escreve suas "Crônicas culinárias" em diversos jornais, a respeito do "Caldo do esquecimento" chinês. Lá fui eu fazer uma pesquisa acerca do tal caldo e, às tantas, vi-me cercado de deidades, receitas de chás e comidas, e descobri algo bem divertido: o taoismo, o confucionismo e o judaísmo misturam comida e religião com a mesma intensidade.

Na mitologia chinesa – é importante frisar que escrevo sobre a mitologia e não sobre a(s) religião(ões) –, é conhecido um antiquíssimo livro cujo nome presume-se seja *Niang-Niang*, que descreve a criação do mundo por uma única deidade, a qual depois delegou tarefas especializadas a deuses menores.

O Venerável Celeste da Origem Primeira, Yuan-Shitian-Zong, a tudo criou e depois delegou ao Senhor dos Céus a administração do Universo; e está escrito que chegará o dia em que ele também passará essa tarefa a um sucessor, mas, por enquanto, é ele quem rege, com o nome de Venerável Celeste da Aurora, ou Yu-Huang.

Assim, deuses menores, como a deusa Nü-Gua, foram encarregados de criar os homens e as mulheres a partir de lama amarela e arroz; o deus Shen Nung encarregou-se de ensinar-lhes a agricultura e, para tanto, inventou o arado; Zhang-Fei era o deus dos açougueiros e ensinou o abate ritual dos animais; a deusa Pan Jin Lian cuidava das prostitutas e ensinou o homem a fornicar. E uma tarefa especial foi confiada ao deus do destino, Si-Ming: a guarda do Livro da Morte, em que seriam inscritos os nomes daqueles que iriam morrer, e do Livro da Vida, no qual seriam inscritos os nomes daqueles que iriam viver. Si-Ming mantinha o controle detalhado das ações de cada humano e, na véspera do Ano-Novo, reunia-se com Yu--Huang para decidir em qual livro inscrever os nomes.

Até hoje, Si-Ming é cultuado folcloricamente na China como um dos principais, ou o principal, dos deuses caseiros, com o nome de Zao--Jun. Uma imagem dele é colocada acima da lareira ou na cozinha (ele é considerado o protetor da cozinha e dos cozinheiros, o senhor dos fogões), de onde possa ter uma boa visão das ações da família. Na véspera do Ano-Novo, é costume passar mel nos lábios da imagem para que Zao--Jun faça um bom relato da família ao Todo-Poderoso.

Já que falamos de Ano-Novo, o prato típico da noite é o *jai*, composto unicamente de raízes e fibras, entre as quais devem constar:

RAIZ DE LÓTUS — para garantir a descendência masculina;
GINKGO BILOBA — representa lingotes de prata;
BROTO DE BAMBU — como o bambu cresce rápido, significa o desejo de que a felicidade venha rapidamente.

Não se comem comidas de cor branca, que, nessa cultura, representa luto. Também é costume comer um peixe, sempre cozido ou assado inteiro, que representa prosperidade.

No sul da China, comia-se o *nian gao*, um gelatinoso pudim de arroz; no norte, o *mantou*, pequenos bolinhos de carne com massa de farinha de centeio. A comida sempre esteve muito presente no cotidiano e na vida religiosa do povo chinês.

Todos os diversos deuses e festivais religiosos têm, sem exceção, suas comidas e bebidas típicas adequadas e que são preparadas durante vários dias para a ocasião.

A divisão básica da culinária chinesa é muito parecida com a judaica, no entanto a tradição é filosófica, e não religiosa.

A essência da cozinha chinesa divide-se entre *fan* – os grãos e leguminosas – e *ts'ai* – os vegetais e carnes. O grande segredo da filosofia culinária chinesa é o correto equilíbrio entre *fan* e *ts'ai* e o fato de não misturá-los, mas combiná-los. Em um prato em que necessariamente entrem os dois, como um *wonton* (pastel chinês), por exemplo, eles estarão juntos, mas cada um na sua exata proporção e mantendo seu sabor.

No *ts'ai*, a regra geral é a utilização de múltiplos ingredientes e sabores, ou seja, normalmente eles serão picados, ralados ou cortados em cubos e misturados em diferentes combinações de forma, sabor, cor e aroma.

No *fan*, as preparações são monásticas, de sabores únicos, sem misturas, poucos temperos e apenas algum acabamento na apresentação do prato.

Os utensílios são separados para um e outro, e não devem ser misturados. A base do *ts'ai* é o *ts'ai kuo* (também conhecido como *wok*), e a base do *fan* é o *fan kuo*, ou vaporeira de arroz (*rice cooker*). O cutelo e a machadinha, em diversos tamanhos, são distribuídos entre o *fan* e o *ts'ai*. Peixe e ovos são considerados neutros.

Confúcio preocupou-se demais com a culinária e a cozinha. Ensinou etiqueta culinária, a divisão social da comida, etiqueta à mesa e até comportamento na cozinha. Acreditava que um bom cozinheiro deveria ser um bom alquimista e também saber misturar vários ingredientes e sabores, mantendo a essência de cada um. Insistiu muito na importância da textura e da cor na apresentação do prato. Além disso, ensinou que não valeria a pena criar o melhor dos pratos se não fosse para dividi-lo com os amigos e a família. Para os chineses, a comida e os amigos são inseparáveis. Confúcio descrevia o desfrutar de uma refeição como um dos pilares que contribuem para a paz e a harmonia da sociedade.

Essa devoção e seriedade para com a cozinha fizeram com que, por exemplo, no palácio do imperador Chou Li, onde trabalhavam cerca de 20 mil empregados, 4 mil se dedicassem exclusivamente aos aposentos do imperador e, desses, quase 60% (exatos 2.271) se ocupassem unicamente das comidas ou bebidas.

Não se deve estranhar que, na Dinastia Qing, tenham surgido os banquetes Manchu Huan, que, por razões políticas, tinham de servir pratos de todas as regiões dominadas ou conquistadas pelo imperador. Resultado: banquetes de até 200 pratos!

Você não acredita?

Então, em sua próxima viagem a Pequim, reserve com antecedência o Restaurante Fangshan, no Parque Beihai. Desde 1925, seus banquetes Manchu Huan são servidos em um majestoso edifício, e os primórdios de sua cozinha estão no próprio palácio imperial, na Cidade Proibida. Você pode desfrutar do banquete em três refeições em um mesmo dia ou em dias diferentes.

Até agora, todavia, só falamos do mundo dos vivos e fugimos do tema que originou toda essa história, o "Caldo do esquecimento". Para tanto, vamos entrar no mundo daqueles que foram inscritos por Zao Jun no *Livro da Morte*.

Segundo a mitologia chinesa, "a vida" de um morto não era nada fácil. Ele passava a ser uma alma, e seu julgamento durava 49 dias, durante os quais habitava a cidade do deus dos muros e das fossas, um local de muitos funcionários e tribunais (logo me vem à cabeça a imagem de uma de nossas repartições públicas...), onde era auxiliada e defendida pela deusa Abida.

Conforme sua sentença inicial, já poderia ser açoitada ou não, e passaria ao julgamento final do rei Yama, que decidiria se aquela seria uma "alma justa" que iria para um dos oito paraísos, ou uma "alma pecadora", que iria para um dos dez infernos.

Dos paraísos, vamos contar apenas que seu nome era "A Terra da Extrema Felicidade do Ocidente", onde as almas eram distribuídas de acordo com suas virtudes e posição social na Terra e gozavam de liberdade e felicidade eternas.

Quanto aos infernos, a burocracia era mais complicada. Segundo sua falta ou crime, a alma era enviada a determinado inferno. Assim, por exemplo, o segundo inferno, um enorme lago de gelo dirigido pelo rei Chu Jiang, era destinado aos ladrões e assassinos; o terceiro inferno, um mar de fogo dirigido pelo rei Sog Di, era para aqueles que tiveram comportamento antissocial e para os rebeldes; o quarto inferno, um lago de sangue dirigido pelo rei Wu Gan, para os malfeitores e vigaristas; o quinto inferno, do qual não se tem descrição, era dirigido pelo lorde Yan Lo, o rei dos mortos, que punia os crimes de esquecimento, e assim por diante.

As almas eram castigadas e purgavam suas culpas até que, em determinado momento, eram enviadas ao décimo inferno, prontas para retornar ao convívio dos humanos, porém poderiam voltar como animais ou seres humanos. É importante ressaltar que, mesmo voltando como animais, não perderiam seus sentimentos humanos, ou seja, sofreriam como humanos e não poderiam exprimir-se como tal.

Escolhida a forma de reencarnação, a alma dirigia-se à "Roda das Migrações", de onde voltava ao convívio dos humanos. Todavia, à saída do décimo inferno, em uma pequena choupana, habitava a deusa Meng-Po, ou simplesmente *lady* Meng, cuja função eterna era cozinhar o "Caldo do esquecimento", que todas as almas deveriam ingerir antes de partir, motivo pelo qual ninguém consegue lembrar-se de suas vidas pregressas.

Não se conhece antídoto para o "Caldo do esquecimento" e sabe-se que apenas Buda, após muitos anos de meditação, conseguiu conhecer suas vidas pregressas.

Diz a lenda que, apesar de a receita desse caldo ser sempre a mesma, seu gosto variava de acordo com a alma que o ingeria: almas "de alta classe" sentiam-no doce; aquelas menos qualificadas, amargo; as indiferentes, azedo; as pecadoras, salgado.

A receita é, naturalmente, desconhecida e controversa. Uma tese diz que o caldo, na realidade, seria um chá que tinha sua água coletada em fontes puríssimas de todo o mundo e cinco ervas mágicas, uma das quais se imagina fosse a *suanzaoren*, mas não se sabe se eram utilizadas suas sementes (*ren*) ou sua casca seca (*suan*). Entre nós, é conhecida como jujuba (*Zizyphus jujuba*), cuja frutinha aparentemente tem, na forma de chá, um poder sedativo e hipnótico. Já outra corrente defende uma posição mais *fan*, dizendo que a receita consistia no cozimento de uma série de farinhas em gordura (uma espécie de *roux* claro), acrescida de figos frescos e da mesma *suanzaoren* e água colhida de diversas e puras fontes. Seja como for, a alma retornava esquecida de suas vidas pregressas, pronta para novos sofrimentos.

É curioso, mas, quando leio sobre um só D'us criando tudo, sobre livros da vida e livros da morte, cozinhas separadas e por aí adiante, me dá uma danada sensação de *déjà-vu*. E aí descubro que tudo isso foi escrito uns mil anos antes da Bíblia...

O CERCO DE PARIS

Em setembro de 1870, as tropas de Napoleão III foram derrotadas pelos prussianos de Bismarck na batalha de Sedan, e, assim, o caminho para Paris estava aberto aos invasores.

O grande mestre Escoffier, o imperador dos cozinheiros, conta em suas memórias que nada parecido foi visto na história do homem:

> As tropas em recuo começaram a chegar. A cavalaria pisoteava jardins. Soldados acampavam onde podiam. Estrangeiros, comerciantes e aristocratas deixavam a cidade com suas malas de dinheiro... O estrondo dos canhões ficava cada dia mais intenso.

O cerco, na verdade, registrou alguns marcos na história militar. Pela primeira vez foram utilizados canhões antiaéreos; na verdade, os canhões que a Krupp havia apresentado ao mundo na própria Paris na exposição de 1867 e que eram utilizados contra os balões, também invenção recente, usados pelos sitiados na tentativa de sair do centro da batalha, transportar feridos ou levar provisões para a cidade.

Também foi montado um engenhoso sistema de correspondência com pombos-correio. Os pombos eram levados para fora da cidade por balões (para Tours, a 200 quilômetros, e Poitiers, a 300 quilômetros) e, de lá, alocados em seu voo de retorno para mensagens e pequenos pacotes.

O fato é que as provisões foram acabando. De novo, as memórias de Escoffier:

No Voisin, o gerente Bellanger havia enchido seus porões com tudo o que pudera conseguir em termos de alimentos, incluindo coelhos vivos, aves em gaiolas e até tanques com peixes. Porém em dezembro esses luxos haviam acabado e até carne de cavalo era uma raridade. Um de seus cardápios de dezembro oferecia:

Purê de lentilha
Sardinhas com azeite
Vol-au-vent
Lombo de cocker spaniel
Feijões branco e mulatinho
Laranjas

Óbvio que muitos estranharam o lombo de *spaniel*, mas era um bom engodo se considerado o misterioso recheio do *Vol-au-vent*.

A crise chegou a tal ponto que o Jardim da Aclimação, onde se localizava o Zoo de Paris, sem dinheiro para alimentar seus animais, começou a vendê-los para abate.

Iniciou-se então uma febre de comida exótica e sem nexo em alguns restaurantes da cidade, dispostos a tudo para atender à louca saga de seus clientes.

O chef Alexandre Ettiène Choron, do citado Voisin, inventor do molho *choron* (*béarnaise* misturado a uma pasta de tomates e depois reduzido), ficou tristemente famoso por suas criações culinárias exóticas, como Tromba de elefante à caçadora, Cabeça de asno recheada ou ainda *Terrine* de antílope com trufas.

Uma curiosidade é que César Ritz, o mítico criador de hotéis e sócio de Escoffier, era um dos garçons do Voisin nesse período.

A voracidade dos canibais chegou a tal ponto que Castor e Pollux, os dois simpáticos elefantes do zoo, foram sacrificados e vendidos a açougueiros por aproximadamente 30 francos o quilo, acabando nos menus do Voisin. Alguns cardápios da época traziam insanas criações, como Camelo assado à inglesa, Gato assado ao molho de ratos ou Costeletas de urso com molho *poiverade*.

Neste livro, celebro a alegria de viver e comer, mas, de vez em quando, vale a pena contar histórias como esta, para, mais uma vez, constatarmos até onde, a maldade, a luxúria e a cobiça podem chegar, ainda que o final seja a festiva mesa de um restaurante.

SE EU ME ESQUECER DE TI...

"Aquele que por ação ou omissão deixou escapar uma palavra que seja de seu aprendizado da Torá transgrediu uma proibição. Os sábios vão debater se o transgressor infringiu um mandamento, talvez dois ou até três proibições."

(B. Menahot 99b)

O esquecimento é um fenômeno humano. Dizem os cientistas que os animais não esquecem, até porque a complexidade de sua memória e de suas lembranças é muito menor.

O ser humano, entretanto, tem um complexo sistema de memorização e memórias, que acaba por nos fazer esquecer alguma coisa no meio do caminho.

O esquecimento, atualmente, tende a ser perdoado e aceito como fenômeno inerente ao ser humano e teria a ver, por exemplo, com a idade. Verdade? Bem, essa é uma quase verdade, pois nem todo esquecimento é perdoado. Esquecer uma palavra da Torá é um pecado, um grande pecado:

"Aquele que esquecer uma palavra que seja de seus estudos da Torá terá jogado sua vida fora" (M. Avot 38).

Imaginemos a seguinte cena, que com certeza terá se repetido em inúmeras *yeshivas* de Mainz, Praga, Cracóvia, Roma, Paris e por toda a Europa medieval: em uma pequena sala, sem aquecimento e parcamente iluminada por velas, estão sentados, de um lado, o jovem estudante e, de outro, o rabi, o sábio do Talmude, revendo uma passagem, digamos, da *Gemara*. O sábio pergunta a Yankel qual era a opinião de rabi Hayim ou se este não teria se pronunciado sobre esse tema.

Yankel pigarreia e sacode a cabeça. Apenas murmúrios saem de seus lábios.

De seu lado, o rabi filosoficamente diz:

— Estude mais, estude muito mais. E aí você poderá não precisar mais do *Baladur*.

Nesse momento, o estudante terá um impacto, lembrando-se de que se esqueceu até de fazer a mistura de *Baladur* desse dia e, pior, lembrando--se de seu gosto.

A eterna briga entre Yefefiah, o príncipe da Torá (Sar-Ha-Torah), e Hashikheah, o anjo do esquecimento (Sar-Ha-Potah), reflete a enorme preocupação de nossos sábios com o estudo e a memorização da Torá.

O trabalho de Potah começa bem cedo. Contam as lendas que, nos nove meses que a criança passa no ventre materno, são-lhes ensinados os segredos da criação e toda a Torá. Todavia, no momento de seu nascimento, Potah aparece, toca seus lábios com a ponta dos dedos, e tudo isso é esquecido. Ficam apenas ecos no coração da criança, ecos esses que nos fazem assimilar melhor a Torá quando adultos, pois, afinal de contas, estamos revendo algo que já sabíamos.

No entanto, a invocação de Yefefiah não só afasta Potah como nos induz a fórmulas mnemônicas e nos alenta para melhor estudar e guardar.

A preocupação com o esquecimento do estudo da Torá era tamanha que até listagens de atos que nos induzem a esquecer podem ser encontradas no Talmude (Horayot 13b e Tashbets Katan 287):

. COMER ALGO QUE FOI MORDISCADO POR GATO OU CACHORRO.

. COMER CORAÇÃO DE ANIMAL.

. COMER OLIVAS ANTES DE FAZER O ÓLEO.

. BEBER ÁGUA QUE SOBROU DE UMA LAVAGEM.

. LAVAR AMBOS OS PÉS AO MESMO TEMPO.

. USAR PEÇAS DE ROUPA COMO TRAVESSEIRO.

. VESTIR DUAS PEÇAS DE ROUPA AO MESMO TEMPO.

. LIMPAR AS MÃOS NA PRÓPRIA ROUPA.

Notem que a maioria desses hábitos envolve a preguiça ou a pressa e delas são figurativos, em uma tentativa de mostrar aos alunos que a preguiça e a pressa são os maiores inimigos da memória e do estudo.

Como parte de todas essas lendas e mitos sobre o esquecimento, surgiu o *Baladur*. Mítica mistura, com inúmeras receitas que foram passadas de sábio para sábio por gerações a fio, o *Baladur*, ou *Pequeno Baladur*, como ficou conhecido, deve ter sido inventado pelos mouros como valioso auxiliar para a memória e acabou chegando às *yeshivas* na Idade Média. Especialmente na Alemanha, onde a tradição do ensino oral era mais forte, o *Baladur* era legendário.

A palavra foi traduzida para o espanhol como *anacardo*, que quer dizer "noz", especificamente a castanha-de-caju.

A família das *Anacardiaceae* (*ana* significa "igual" e *cárdia*, "coração") tem cerca de 800 espécies de plantas, entre elas o caju, a manga, o cajá, a seriguela, o pistache, *o sumaque* e a pimenta rosa, que nada mais é que o fruto da aroeira.

Em comum, essa família apresenta em quase todas as suas plantas uma seiva, o *urushiol*, que provoca reações altamente alérgicas à pele e ao organismo. Seu nome vem do japonês *kiurushi* – árvore da laca, uma árvore cuja seiva, chamada de *urushi*, é a conhecida laca japonesa.

No Brasil são conhecidas as queimaduras de pele que a seiva do caju pode causar. A propósito, uma lição para quem vai comer caju no pé: em primeiro lugar, muito cuidado com a seiva na pele e sua exposição ao sol.

Em segundo lugar, nunca morda o caju pelo lado em que estava preso à árvore, mas sim pelo lado oposto, onde fica a castanha. Vocês vão notar que, dessa maneira, ele "pega" muito menos na boca. A razão, embora pouco conhecida, é óbvia: o duto pelo qual passa o *urushiol* fica do lado da conexão, e não do lado da castanha.

Por sua vez, a pimenta rosa, tão na moda ultimamente, por sua cor e perfume únicos, tem alto índice de terebintina, da qual as aroeiras são a maior fonte, e pode causar algum desconforto a pessoas alérgicas ou sensíveis.

Voltando à história, o médico inglês John Lindley, na obra *An Introduction to the Natural System of Natural Botany* (1831), e o francês Julien J. Virey, no *Bulletin de Pharmacologie* (1814), divulgam estudos e a tese de que a castanha-de-caju seria um valioso potencializador da memória, coisa que aparentemente os mouros e os estudiosos das *yeshivas* já sabiam.

As receitas de *Baladur* são inúmeras e curiosas. Vejam as três mais famosas na Alemanha:

> *Coma castanhas por nove dias, começando com seis e adicionando mais seis a cada dia. Ou coma uma castanha com sementes de pimenta, começando com uma semente e dobrando dia a dia, até que atinjam 256 sementes no nono dia. Antes de comê-las, recite o Deuteronômio 33:8-11 e Salmos 119:9-16.*

Reproduzo ambos abaixo, caso alguém queira melhorar sua memória:

> **Deuteronômio 33:8-11**
>
> *Sobre Levi, ele (Moisés) diz: Dá, ó D'us, o teu Tumim e o teu Urim ao homem que te é fiel, que tu fizeste passar pela prova de Massá, pela contenda nas águas de Meribá; ele que disse de seu pai e de sua mãe: "Nunca os vi"; que não reconheceu seus irmãos e ignorou seus filhos. Eles guardaram a tua palavra e velam pela tua aliança.*
>
> *Eles ensinam tuas normas a Jacó e a tua lei a Israel, ofereceram incenso às tuas narinas e holocaustos sobre o teu altar.*

Abençoa o seu poder, ó SENHOR, e aceita a obra de suas mãos, fere os rins dos que se levantam contra ele e o odeiam, para que nunca mais se levantem.

Salmos 119:9-16

De que maneira poderá o jovem conservar puro o seu caminho? Observando a tua palavra.

De todo o coração te busquei; não me deixes afastar dos teus mandamentos.

Guardo no coração as tuas palavras para não pecar contra ti.

Bendito és tu, SENHOR; ensina-me os teus preceitos.

Com os lábios tenho enumerado todas as normas da tua boca.

Mais me regozijo com o caminho dos teus testemunhos do que com todas as riquezas.

Meditarei nos teus preceitos e às tuas veredas terei respeito.

Alegro-me com teus decretos e não me esqueço da tua palavra.

E, por último, a mais utilizada das receitas de *Baladur*, não se sabe até hoje se um auxiliar para a memória ou um castigo para o esquecimento:

Moa cravos, pimentas vermelhas, tâmaras, gengibre, raiz de galanga e castanhas em igual quantidade. Acrescente azeite em fio até formar uma pasta e coma todas as manhãs antes do café da manhã.

Quem quiser experimentar, fique à vontade. Os historiadores não nos contam se os estudantes tomavam *Baladur* todos os dias, se somente quando a memória falhava ou quando seu mestre mandava. A julgar por esses componentes, ter um estômago revestido de aço seria condição *sine qua non* para estudar a Torá. Em todo caso, ficamos aqui com mais esse interessante relato de como comida, religião, mitos e tradições fundem-se de modo indelével no judaísmo.

O GANSO MARISCO

Os judeus da Europa sempre tiveram uma predileção especial pelo ganso. Fonte primeira do *Schmaltz* e do *Gribene*, prato de gala do *Chanuka*, os gansos e as galinhas sempre foram criados pelos judeus, seja por tradição, seja pela facilidade do abate ritual. Qualquer imperfeição no animal poderia ser notada e julgada, de imediato, pelo rabino local, o que seria impossível com animais maiores.

Entretanto, nossa história é sobre um tipo especial de ganso, o ganso marisco, ou ganso-das-faces-brancas (*Branta leucopsis*), uma ave que vive nas regiões árticas e migra no inverno para as costas da Inglaterra, Escócia e Irlanda a fim de procriar e alimentar-se.

Ao migrar, esses gansos costumam alojar-se em árvores e troncos nos rochedos à beira-mar, e os pais não alimentam os filhos, que têm de descer dos galhos para comer algas e plantas – eles, literalmente, pastam.

Esses hábitos diferentes geraram uma lenda que acabou virando, por um bom tempo, uma verdade. Dizia-se que esses gansos nasciam em árvores à beira-mar ou em troncos flutuantes, a partir da seiva da árvore, que eram envolvidos por uma concha parecida com a craca (seu nome, *barnacle*, em inglês, vem a ser a nossa craca, ou *Cirrípede*, nome científico, um molusco de casca duríssima, que adere a cascos de barcos e a pedras) e ficavam presos à madeira apenas pelo bico. Quando estavam com o corpo já desenvolvido e com penas, ou caíam na água e saíam nadando ou simplesmente saíam voando.

Ocorre que a lenda acabou indo parar até mesmo em enciclopédias e tratados de zoologia...

O venerável Bede, pai da história inglesa, dizia, no *De Natura Rerum*, do ano 675, que "o ganso Barliata nasce em madeiras à beira-mar e fica preso pelo bico até que um dia solta-se e voa...".

Já Gerald de Wales, conquistador da Irlanda e pesquisador, foi mais longe: "(...) Eu já vi muitas vezes, com meus próprios olhos, mais de mil dessas aves penduradas num tronco à beira-mar, enclausuradas em suas conchas já formadas".

A dubiedade dessa origem levou alguns padres a deixar seus fiéis comer o ganso marisco nos períodos de abstinência de carne, o que fez com que o próprio Gerald de Wales, em outro texto "científico", afirmasse que, já que o ganso não era carne, poderia ser consumido pelos judeus como peixe.

Todos correram até os rabinos para saber se tal afirmação procedia, e houve uma série de indagações e responsas (a resposta de um rabino é assim chamada) sobre o tema. Aliás, uma das mais curiosas foi a de um rabino da Inglaterra, que dizia que o ganso até poderia não ser ave, mas que, certamente, a se acreditar na tese de Gerald, deveria ser um molusco e, portanto, não *casher*. O assunto evoluiu de tal modo que chegou a ser discutido no 4.º Concílio de Latrão, em 1215, quando o papa Inocêncio III definiu que, se não se originava de uma ave, mas vivia e se alimentava como tal, então esse ganso era proibido nos períodos de abstinência.

Já pelo lado judaico, a discussão chegou a ser citada por Joseph Caro no *Shulhan Aruch* (Yoreh De'ah, 84, 15) e por Moses Shem Tov no *Zohar* (iii, 156), em que conta sobre a viagem de rabi Aba, que teria visto os tais gansos pendurados em galhos. Afora inúmeras responsas registradas sobre o tema, a maioria delas acaba concluindo pela natureza de ave do incrível ganso marisco, que continua a ser considerado uma ave e a frequentar mesas católicas, judaicas e de outras religiões nas épocas certas e abatido da forma correta.

OLEUM EX ALBIS OLIVIS

O Brasil deve entrar no seleto clube de produtores de olivas e azeite, para a alegria de nossos *gourmets* e *gourmands*.

Costumo ler os suplementos rurais de vários jornais, pois eles são uma ótima fonte de informações sobre ingredientes e técnicas que acabam nos ajudando na cozinha.

Pois bem, o último suplemento rural que li informou que as oliveiras da Fazenda Experimental de Maria da Fé, em Minas Gerais, começam a apresentar produção industrial e de qualidade, capacitando o país a talvez, em dez anos, ter sua produção de azeitonas de mesa e de azeite.

Curiosamente, a Empresa de Pesquisa Agropecuária de Minas Gerais (Epamig) escolheu a cidade por ser a mais fria do estado, uma vez que as oliveiras precisam do contraste calor e frio para melhor se desenvolver. Sempre raciocinamos com base na origem mediterrânea do fruto, apenas em termos de calor, mas o frio é muito importante para o resultado de seu sabor e textura.

Deve-se notar também o excelente trabalho que empresas como a Epamig, a Embrapa, a Emater e outras congêneres estão fazendo a fim de desenvolver novos ingredientes e espécies, adaptações de ingredientes estrangeiros no Brasil, tudo em prol de uma culinária melhor, mais saudável e mais variada.

Apenas para constar, as espécies que melhor se adaptaram e devem progredir são a *grappolo* (cuja origem são as colinas de Pistoia, perto de Florença), para produção de azeite, e a *ascolana* (que, é claro, vem da região de Ascoli), para produção de azeitonas de mesa. A *grappolo*, cujo nome deriva do fato de frutificar como um cachinho de uvas, é uma azeitona que amadurece mais rápido e com menos cerne. Já a *ascolana*, principalmente a gigante, é considerada das mais saborosas do mundo, com um toque adocicado, ótima para cozinha e para conserva. Uma clássica e típica receita da região manda rechear *ascolanas* gigantes com salame ou carne moídos, empaná-las e fritá-las, o que resulta em um acepipe de primeira grandeza. Não vejo a hora de poder experimentar nossas azeitonas e nosso azeite extravirgem!

O Brasil é o sexto maior importador de azeite do mundo, mundo esse que tem uma produção absurda de azeites e azeitonas.

São 18,5 milhões de toneladas de azeitonas e 3,9 milhões de toneladas de azeite por ano (dados de 2009), vindas de 750 milhões de oliveiras, 95% das quais estão em países do Mediterrâneo.

Em se tratando de azeitonas, o ranking é liderado pela Espanha, com 5,6 milhões de toneladas, por ano, seguida pela Itália (3,5 milhões), Grécia (2,3 milhões), Turquia (1,5 milhão) e Tunísia (1,2 milhão).

Já em relação ao azeite, temos Espanha (1,3 milhão de toneladas), Itália (600 mil), Grécia (400 mil), Tunísia (200 mil) e Turquia (170 mil).

Curiosamente, Portugal produz apenas 346 mil toneladas de azeitonas e 39 mil toneladas de azeite por ano.

Já quando falamos de consumo, ninguém bate os gregos, com um consumo de 25 quilos de azeite por habitante/ano, seguidos dos espanhóis (15), italianos (13), portugueses (7) e sírios (6). O Brasil consome 150 gramas por habitante/ano, ou seja, o equivalente a dois dias de consumo dos gregos.

Azeite e azeitona são velhos companheiros do homem. Escavações arqueológicas e citações históricas colocam as oliveiras quase como observando a infância da raça humana.

Achados na região de Relihai, na África, revelaram madeira de oliveira petrificada da era paleolítica. Em Mongardino, na Itália, folhas também petrificadas foram datadas da era pliocênica, o que nos permite chegar a 2 milhões de anos atrás, algo entre o *Homo habilis* e o *Homo erectus*.

Aparentemente, as oliveiras provêm de uma região localizada entre a Síria e Israel. De lá, espalharam-se pela bacia do Mediterrâneo e, dali, para todo o mundo.

Como curiosidade: as oliveiras chegaram às Américas com Cristóvão Colombo, que teve uma plantação delas no Caribe; no entanto essa cultura só foi sistematizada a partir do século XVII, quando foi levada pelos espanhóis de Sevilha para o Caribe e depois para toda a América. O capitão Diego Alvarado plantou as primeiras oliveiras na Argentina em 1650. Ocorre que, em 1870, Carlos III da Espanha mandou destruir todas as oliveiras das colônias espanholas, preocupado com a possível concorrência. Uma única árvore sobreviveu e está em Arauco, província de La Rioja, até hoje, produzindo suas azeitonas. É carinhosamente chamada pelos argentinos de Viejo Olivo de Arauco e foi declarada monumento nacional do país.

Não faltam centenárias e milenares oliveiras pelo mundo, a começar pelas que estão no Jardim de Getsêmani (da expressão hebraica *gat shemanin* – prensa de olivas), em Jerusalém, e que comprovadamente assistiram às reuniões de Cristo com seus apóstolos no local. Ou o único exemplar com também comprovados 1.600 anos no paradisíaco arquipélago de Brijuni, na Ístria (Croácia) e que ainda produz 30 quilos de azeitonas por ano, resultando em 6 litros de um dos mais caros azeites do planeta. Aliás, o azeite da Ístria já era famoso no Império Romano, a ponto de Apício elogiá-lo mais de uma vez em seu imortal *De Re Coquinaria* com a frase que dá título a esta arenga (óleo da mais alta qualidade).

Nas vilas árabes de Arraba e Deir Hanna, na Galileia, em Israel, podemos encontrar cinco oliveiras com 3 mil anos de idade e, na vila de

Santo Baltolu di Carana, na Sardenha, encontra-se a S'Ozzastru, como a chamam os locais. Trata-se de uma oliveira de 3.800 anos, que, na década de 1970, foi partida ao meio por um tremor de terra, mas, graças aos cuidados que recebeu, segue viva e imponente, com sua copa de 22 metros quadrados.

As palavras "oliva" e "oliveira" são citadas mais de 30 vezes na Bíblia, ressaltando-se o ramo de oliva que a pomba traz a Noé após o dilúvio. Não é menor a quantidade de vezes que são citadas no Corão e no Livro de Mórmon. Folhas de oliveira foram encontradas também no túmulo de Tutancâmon. Homero já as citava na Odisseia. Horácio dizia que devia sua boa saúde a uma dieta de olivas, endívias e malvas.

Reis e atletas vitoriosos, por exemplo, sempre foram ungidos com azeite.

Na disputa entre Palas Atena e Posêidon pelo patronato de Atenas, cada um deles deveria apresentar uma criação que beneficiasse a humanidade. Posêidon apresentou o cavalo, e Atena venceu apresentando uma muda de oliveira.

Os reis Davi e Salomão criaram o que poderíamos chamar de as primeiras estatais da história para produzir e distribuir azeite e vinho, incluindo uma brigada particular de guardas que fiscalizava o plantio, a produção e a colheita. Eis uma boa ideia a ser seguida pelos governantes atuais.

Os fenícios organizaram, dentro de seu enorme império comercial, divisões especializadas no comércio de azeite e iniciaram plantações de oliveiras pela região do Mediterrâneo afora, para aproximar a produção do consumo.

O Monte Testaccio, ou Monte dos Testos, fica em Roma. Com cerca de 50 metros de altura, é resultante da acumulação de cerca de 20 milhões a 25 milhões de ânforas vindas das províncias para a capital do Império Romano, carregadas de azeite do Oriente, ao longo dos séculos I, II e III.

Tudo isso para celebrarmos a futura chegada das olivas e do azeite brasileiros. E, a seguir, vai a receita da legítima Tapenade, inventada no século XIX pelo chef Meynier da Maison Dorée, em Marselha. Seu nome deriva da palavra *tapéno*, que, no dialeto local, quer dizer alcaparra:

TAPENADE

200 G DE AZEITONAS PRETAS SEM CAROÇO, PICADAS

100 G DE ANCHOVAS EM CONSERVA, BEM LAVADAS PARA RETIRAR O SAL

150 G DE ALCAPARRAS, TAMBÉM DESSALGADAS

100 G DE ATUM EM ÓLEO, PICADO

⅓ DE XÍCARA (CHÁ) DE AZEITE EXTRAVIRGEM

1 COLHER (SOPA) DE BOA MOSTARDA

1 PITADA DE *FINES HERBES* (MISTURA DE SALSINHA, ESTRAGÃO,

CEBOLINHA E CEREFÓLIO BEM PICADOS)

½ CÁLICE DE CONHAQUE

Em um pilão (nunca no processador!), coloque as anchovas e amasse-as bem. Coloque então as azeitonas e as alcaparras e vá pilando tudo lentamente. Acrescente o atum e continue pilando e pingando o azeite até amalgamar bem.

Tempere com a mostarda e o conhaque e misture bem.

Salpique a mistura com as ervas e sirva-a com torradas ou *ciabatta* aquecida.

PIERRE POIVRE, O LIBERTADOR DAS ESPECIARIAS

A INCRÍVEL HISTÓRIA DO VERDADEIRO INDIANA JONES, QUE VIVEU NO SÉCULO XVIII, A QUEM A CULINÁRIA OCIDENTAL MUITO DEVE E DE QUEM POUCO SE SABE.

No dia 23 de agosto de 1719, nascia Pierre, filho de Hilaire Poivre e Marie Pompalier, modestos comerciantes de tecidos na cidade de Lyon.

Antes que o leitor desenvolva alguma teoria, o nome da pimenta não é uma homenagem a Pierre (na verdade, vem do latim *piper*, pelo grego *peperi*, que, por sua vez, vem do sânscrito *pippali* – sempre com o significado de grão. Já no português, a palavra deriva do latim *pigmenta*, plural de *pigmentum*, com o sentido de "corante" ou "sumo da planta"). Portanto, o nome de nosso herói não tem nada a ver com a pimenta. Se muito, algum antepassado distante poderá ter sido um mercador de especiarias.

O caso, aqui, é de predestinação mesmo, destino traçado pelo nome ou, melhor, pelo sobrenome.

Com o destino traçado ou não, o jovem Pierre ingressou, aos nove anos, nos Irmãos Missionários de Saint Joseph, na colina de Croix-Rousse, uma ordem religiosa cuja vocação era a evangelização dos povos ditos pagãos.

Quando ele tinha 20 anos, vamos encontrá-lo, como noviço, no Seminário das Missions Étrangères, sendo treinado para o trabalho missionário.

Aos 21, embarcou para sua primeira missão com destino à China. Na longuíssima viagem, travou contato com o terror da época, o escorbuto (a falta de vitaminas no organismo, principalmente a vitamina C), que chegava a dizimar dois terços da tripulação de um navio.

Mal chegou a Guangzhou (Cantão), foi feito prisioneiro com todos os missionários e os poucos tripulantes que tinham sobrado da viagem. Utilizou o tempo na prisão para aprender chinês e acabou virando o interlocutor dos prisioneiros para dialogar com as autoridades, as quais o libertaram. Viajou a Macau, à Cochinchina (Camboja) e a Fai Fo (Vietnã), tentando realizar sua obra missionária, mas logo ele e seus superiores descobriram que seu maior interesse estava nas plantas e alimentos, e não nas pessoas e na conversão delas.

Um de seus primeiros escritos narra as maravilhas do arroz-de-montanha, uma espécie historicamente plantada no Oriente e que demandava muito menos irrigação que o arroz-do-brejo. O jovem Pierre se perguntava quantas pessoas de suas colônias não poderiam ser alimentadas dessa forma, mas seu verdadeiro fascínio era pelas especiarias. Por que não cultivá-las em suas próprias colônias?

A resposta era óbvia: porque holandeses e portugueses, detentores do monopólio da pimenta, da canela e da noz-moscada, guardavam-nas como seu maior tesouro.

O roubo de uma semente ou de uma muda era punido com a morte, e a tentativa de plantar qualquer espécie era imediatamente suprimida por invasão militar, fosse onde fosse. Que o digam os judeus Cochins, da Costa de Malabar, na Índia, que quase foram dizimados pelos portugueses por tentar comercializar a pimenta-do-reino.

As sementes exportadas eram mergulhadas em água fervente ou em cal, para perderem seu poder de germinar. Como a cal é um poderoso inseticida e bactericida, a noz-moscada até hoje recebe esse tratamento.

Seja como for, os superiores de Pierre, decepcionados com seu trabalho, enviaram-no de volta a Paris, e ele foi excluído da congregação.

A exemplo de Lineu, Jussieu e Darwin, a humanidade perdeu um religioso e ganhou um botânico.

Aos 25 anos, Pierre já era dono de um belo herbário e produzia constantes estudos sobre ervas e especiarias. Então, o vírus da aventura e das especiarias voltou a acometê-lo e ele embarcou novamente num navio com destino ao Oriente.

A nau foi atacada por um navio inglês, e um tiro de canhão arrancou a mão de Pierre, que depois declararia que, sem a mão, não poderia mais dar a bênção e, portanto, talvez ele não devesse mesmo ter sido religioso.

Acordou de seu pesadelo no navio inglês e foi desembarcado na Batávia (antigo nome de Jacarta, na Indonésia). De lá foi para a Índia, onde tentou, sem sucesso, estabelecer um entreposto de especiarias e, mais uma vez, retornou à França.

No caminho, parou nas Ilhas Maurício, conseguiu, não se sabe como, convencer o governador francês do local, Monsieur Boudonnais, a criar uma plantação de especiarias na ilha, com a condição de que Pierre convencesse a Companhia das Índias Orientais (a versão francesa) a investir no local.

Embarcou novamente para Paris em um navio francês, que, na costa de Angola, foi destruído por uma tempestade. Salvo por um navio holandês, pensou que daí em diante tudo correria bem. Dias depois, o navio foi atacado por piratas de Saint-Malo, e nosso herói, feito prisioneiro. Uma semana depois, os piratas foram afundados por um navio inglês, e nosso prisioneiro trocou de mãos, indo parar na prisão de Guernesey, no Canal da Mancha.

Finalmente, em 1748, quatro anos depois, chegou a Paris, com apenas 29 anos de idade e aventuras para mais de uma centena.

Já no ano seguinte, estava o destemido Poivre a bordo de um navio com destino à Cochinchina, com a missão de estabelecer um entreposto.

Utilizando mil e uma artimanhas, subornos e roubos, apossou-se de mudas de canela, pimenta e outras especiarias, seguindo imediatamente para as Ilhas Maurício a fim de guardar esses tesouros, e dirigiu-se depois para Manila à caça de mais mudas, principalmente de noz-moscada.

Voltou às Ilhas Maurício com cinco mudas, conseguidas a peso de ouro, e as entregou ao botânico Fusée-Aublet, diretor do Jardim da Aclimação, para que fossem plantadas e cuidadas.

Poucos meses depois, em maio de 1754, saiu em expedição oficial da Companhia das Índias para as Ilhas Molucas. E a história se repetiu: escorbuto, ataques de piratas, rebelião a bordo por falta de alimentos. E, para culminar, foram impedidos de aportar nas Molucas e acabaram indo parar no Timor.

Ali a sorte sorriu para Pierre, que de lá saiu com 3 mil sementes de noz-moscada, presente da mulher do potentado local (como na história de Melo Palheta e nosso café). Ao voltar triunfante para as Ilhas Maurício, soube que suas primeiras mudas tinham morrido e, pouco tempo depois, que também as 3 mil sementes não tinham germinado, até descobrir que Fusée-Aublet vinha sistematicamente sabotando seu projeto, regando mudas e sementes com água morna e vinagre.

Em 1758, com 40 anos e de volta à França, um tanto desiludido, instalou-se em sua cidade natal. Foi eleito para a Academia de Ciências e recebeu um título de nobreza e 20 mil libras de prata do rei Luís XV por seus serviços prestados à pátria.

Com a falência da Companhia das Índias em 1766, as terras dela foram revertidas para o rei, que convidou Pierre para ser o intendente das Ilhas Maurício.

No ano seguinte, seguiu nosso herói, já com sua esposa, Françoise Robin, em direção às suas amadas ilhas.

Ao chegar, aparelhou as naus *Vigilant* e *Étoile du Matin* para uma expedição às Molucas, à caça de especiarias.

À custa de tiros, batalhas, suborno e negociações, a expedição voltou repleta de mudas, e o poder luso-holandês foi definitivamente quebrado em 1772, quando os navios *Île de France* e *Nécessaire* voltaram de suas expedições com milhares de mudas de moscadeira, pimenta, cravo e canela.

Por prudência, as mudas foram plantadas não apenas localmente, mas também nas ilhas Reunião e Seychelles, bem como nas Guianas.

Em 1778, uma linda cerimônia, seguida de almoço "para todos os habitantes da ilha", segundo relato da época, marcou a colheita da primeira noz-moscada francesa, que foi levada, em mãos, pelo governador ao rei Luís XVI.

Durante o tempo que lá passou, Poivre criou o Jardim das Toranjas, ou *Jardin des Pamplemousses*, uma verdadeira obra-prima, que existe até hoje e é considerado um dos mais belos do mundo e a principal atração da ilha.

Espécimes do mundo inteiro foram colhidos e para lá levados, inclusive a nossa mandioca e a amazônica vitória-régia, plantada num lago.

E a relação com o Brasil não parou por aí.

Em 1808, uma fragata comandada pelo navegador português Luís de Abreu Vieira e Silva naufragou nas costa de Goa. Alguns sobreviventes foram salvos pelos ingleses e levados para a África do Sul, de onde embarcaram para o Brasil. Novamente a história se repete: a tripulação foi atacada pela frota francesa, que os levou prisioneiros para as Ilhas Maurício.

O bravo capitão Vieira e Silva não só conseguiu fugir como também roubar do lindo jardim quatro moscadeiras, quatro abacateiros, dois pés de lichia, dez mudas de *grapefruit* (toranja), três caneleiras e sementes de sagu (este não é o sagu que comemos, feito de mandioca), acácia, fruta-pão e areca (que ficou conhecida entre nós como palmeira-imperial, por ter sido plantada por Dom João VI).

Sabemos dos números exatos porque a exagerada burocracia portuguesa tudo registrava, o que nos leva a refletir sobre o muito que herdamos deles...

Filosofia barata à parte, o destemido capitão chegou ao Rio e doou suas preciosas mudas ao rei Dom João VI, que com elas iniciou o Real Horto, depois chamado de Real Jardim Botânico do Rio de Janeiro.

Voltemos, no entanto, ao nosso herói, que em 1772 retornou a Lyon com mulher e filhas e, após uma vida honrada, aventurosa e profícua, morreu em 1786, aos 66 anos.

Em suas memórias póstumas, ditadas por sua mulher ao amigo e confidente Pierre Samuel-Dupont, ele é descrito como um cientista aventureiro, com grande respeito à natureza e amor à humanidade, tendo, inclusive, no seu período de intendente, editado as primeiras leis sobre conservação da natureza de que se tem conhecimento e, principalmente, abolido a escravidão nas ilhas.

Françoise acabou casando-se com Dupont, que, por seus serviços prestados à Coroa, recebeu o título nobiliárquico de Dupont de Nemours.

A Revolução Francesa e seu Terror os obrigaram a fugir para os Estados Unidos com seu único filho, Éleuthère Irénée du Pont de Nemours, químico que já trabalhava com Lavoisier.

Na América, o rapaz iniciou uma pequena fábrica de pólvora, ponto de partida da DuPont, cuja história recente hoje conhecemos.

Eis a saga de mais um herói pouco conhecido. Graças a ele nossas mesas e cozinhas são perfumadas com o inebriante aroma das especiarias.

Sua vida foi emocionante, seus feitos, notórios, e seus atos e descendentes dignificaram sua memória, com consequências em terras distantes, como o Brasil e os Estados Unidos.

Quando cada um dos leitores for saborear um bom doce com cravo e canela, um belo cozido com noz-moscada ou, ainda, um belo assado com louro, endro e mostarda, lembre-se de agradecer ao bom e velho Pierre Poivre.

PODERES MÁGICOS DA COZINHA

"Foi Rúben, nos dias da ceifa do trigo, que achou mandrágoras no campo e trouxe-as a Lia, sua mãe. Então, disse Raquel a Lia, "Dá-me das mandrágoras de teu filho"." (Gênesis, 30-14).

Até o início do século XIX, a cozinha afrodisíaca sempre teve seu lugar no judaísmo.

Um número enorme de citações, substâncias e receitas está espalhado pela Torá e pelo Talmude. Alcachofras, amêndoas, beterrabas, cebolas fritas (talvez isso explique seu alto uso em nossa culinária), romãs e muitos outros alimentos são citados diversas vezes por seus efeitos especiais. Outras citações, como cérebro de passarinho, crista de galo, gordura de vitela, testículos de raposa (há dúvidas se seriam os próprios ou um aforismo para uma fruta), hoje nos levariam mais a uma vida celibatária do que ao êxtase.

Seja como for, funcionais ou não, essas centenas de ingredientes e receitas, coletadas das tradições grega, romana, arábica ou germânica, receberam uma visão muito peculiar dos estudiosos judeus.

Sempre que pensamos em afrodisíacos, pensamos em virilidade, em promover o desejo.

Uma leitura cuidadosa de nossos sábios e comentaristas vai mostrar que a visão deles era mais focada na fertilidade e na procriação, rejeitando a noção de utilizar-se um afrodisíaco para promover mais prazer do que aquele necessário a assegurar um ato sexual procriativo. A luxúria sempre foi e continuará a ser um pecado; a fertilidade, por sua vez, é uma bênção.

Aliás, aqui, novamente, abordamos a divisão fundamental entre *sefaradi* e *asquenazi*. Os judeus do Oriente Médio tendiam a tratar esse assunto de forma muito mais livre e natural que os da Europa, onde era tratado em segredo e com aspectos de magia.

Um curioso códex do século XV, escrito em ídiche, contém as receitas de 408 poções para garantir uma noite de sexo, 528 poções para garantir o amor, 547 poções para garantir a duradoura fidelidade de uma esposa, 547 poções para garantir que a mulher de um homem não cobice outro e, pasmem, 1.204 poções para garantir que sua parceira realmente frequente sua cama!

Uma das mais simples e curiosas fala apenas de leite *casher*:

> *Para o amor, usa o leite de uma vaca* casher *em sua primeira lactação e lava tua face com ele. No mesmo dia, um anjo virá te visitar e tuas palavras serão ouvidas e teus desejos, satisfeitos.*

Outra estranha receita recomenda dormir sobre repolhos colhidos antes do nascer do Sol, misturados a uma série de itens não comestíveis:

> *Se você quiser influenciar a mulher que lhe está destinada a frequentar sua cama, pegue um repolho que foi colhido antes do nascer do Sol, uma telha da casa da mulher, uma palha e um pouco de terra de seu chão.*
>
> *Quando for dormir, coloque o repolho sob sua cabeça, a telha sobre seu corpo e espalhe a terra e a palha em sua cama, dizendo: "Telha que cobre minha cabeça, repolho que me faz acordar, eu os desafio, em nome do Senhor, D'us de Israel, a trazer meu amor para mim para que possamos, juntos, beber hidromel e vinho".*

Um anjo deverá trazê-la e mostrar-lhe sua forma enquanto caminha sobre a terra.

E, quando quiser que se vá, diga: "Eu a desafio a ir-se daqui a nome de Miguel, Rafael e Gabriel". Ela ir-se-á.

Esses são dois exemplos de como a mistura de tradições e de superstições de diversos povos foi traduzida e resumida em ídiche nesse curioso códex medieval.

A propósito, o hidromel, talvez a bebida fermentada mais antiga que o homem conhece (o vinho do mel, como já era conhecido na Antiguidade), já tinha suas propriedades reconhecidas pelos sumérios, e entre os romanos havia a tradição de que os recém-casados, para garantir seu primeiro filho homem, deveriam, na primeira lua cheia após o casamento, beber hidromel e fazer amor, período esse que era conhecido como "a lua do hidromel", da qual deriva a expressão "lua de mel".

No entanto, não foi só graças às tradições e superstições que os afrodisíacos resistiram na história judaica, pois uma série de comentários talmúdicos e pós-talmúdicos sobre as mandrágoras e o versículo do *Gênesis* que nos serviu de introdução reflete a preocupação de nossos sábios com o tema.

O grande Rashi (1040-1105) definia a mandrágora como um tipo de jasmim com propriedades especiais.

Rabi Abraham Ben Ezra (cerca de 1120) exaltava as propriedades do aroma das mandrágoras conforme descrito no Cântico dos Cânticos 7,14: "As mandrágoras exalam o seu perfume, e à nossa porta há toda sorte de excelentes frutos, frutos novos e frutos secos; eu os reservei para ti, ó meu amado".

Já Namanides (cerca de 1150) não só questiona a visão de Rashi como afirma que Rúben teria trazido apenas os frutos da mandrágora para sua mãe, a fim de aromatizar o ambiente, já que ela engravidara pela vontade de D'us, e não pela ação de um afrodisíaco. Para tanto, segundo o sábio, ele precisaria ter trazido as raízes da planta, pois elas lembram a forma humana e têm uma ação "especial" sobre os humanos. No que foi corroborado por rabi Jacob Ben Asher, por volta de 1320.

Em seu comentário, Ba'al Haturim mostra que a palavra *duda'im* (mandrágora) tem o mesmo valor numérico que a palavra *ke'adam* (como o homem), reconhecendo sua semelhança com a forma humana e seus intrigantes poderes.

Já rabi Meier Loeb Ben Yechiel Michel, o grande Malbim, em cerca de 1850 afirma que Rúben levou as *duda'im* para sua mãe a fim de que ela tivesse mais filhos, pois não estava feliz com um só. A discussão sobre essa passagem segue no Talmude (Sanhedrim 99b):

O que são *duda'im*? Rashi diz que são *yabruchi* (mandrágoras); Levi diz serem *siglis* (ciprestes), e rabi Yonathan diz que são *sabiski* (flores da mandrágora).

Rabi Baruch Halevi Epstein, conhecido como Torah Temimah (1860-1942), afirma que os três nomes referem-se a flores diversas que emitem um excelente aroma, como afirmado em outros pontos do Talmude (Berakhot 43b), e que não necessariamente teriam "poderes especiais".

Ainda no Talmude, lemos em Baba Kamma 82a que um homem deveria aproveitar as cinco grandes propriedades do alho, consumindo-o às sextas-feiras, pois ele "mantém o corpo quente, ilumina a face, aumenta e espessa o sêmen, mata parasitas nas entranhas e incentiva o amor, removendo o ciúme".

Em Kethubot 65a, o vinho é descrito como poderoso estimulante:

> Uma taça de vinho é adequada para uma mulher, duas são degradantes; se ela tomar três, estará se oferecendo publicamente; e, se tomar quatro taças, poderá se oferecer até a um jumento nas ruas.

Rabi Yohanam conta que um elixir feito com três partes de açafroa (a planta do açafrão) moídas e cozidas em uma parte de vinho restaurou seu "vigor da juventude" (Gittin 70a).

Finalizemos com o grande Maimônides (1135-1204), que escreveu um *Tratado sobre o Vigor Sexual*, destinado a um ilustre cliente anônimo a quem ele chama de exaltado mestre (*mawlã*), autodenominando-se seu servidor (*khadim*). Nesse tratado, ele responde às dúvidas e resolve o problema do mestre.

Inicia recomendando uma atitude mental positiva na escolha de parceiras, de parceiras a escolher e a evitar, comidas a adotar e a evitar, um horário determinado para banhos, massagens e aplicação de unguentos que deverão manter as extremidades do corpo aquecidas e aumentar o tempo de ereção.

E inclui uma receita infalível, atribuída ao grande médico e sábio persa Avicena, que deveria ser tomada após os banhos:

HALVÁ PARA AUMENTAR O VIGOR SEXUAL

GERGELIM TORRADO COM CASCA, SEMENTES DE ERUCA (UM TIPO DE
RÚCULA) E SEMENTES DE MELÃO: DE CADA UM, 2 ONÇAS
PINOLES, PISTACHE E AMÊNDOAS: DE CADA UM, 2 ONÇAS
4 LITROS DE MEL FILTRADO

(SENDO QUE 1 ONÇA = 28,35 G)

Frite todos os grãos em óleo de gergelim e acrescente o mel. Não utilize fogo muito alto, para não perder as propriedades dos ingredientes. Ao esfriar, a massa transformar-se-á em halvá [uma pasta doce]. Dissolva em 3 onças de bom vinho aromático e beba logo após o banho.

Essa é a receita secreta de Avicena que Maimônides revelou ao mundo no século XII. Não custa nada experimentar, quem sabe? Maimônides, com o passar dos anos, provou que tinha razão em tudo que afirmou...

RENASCENÇA TAMBÉM NA COZINHA

Um dos períodos mais ricos e criativos da história humana é pouco comentado do ponto de vista da culinária. Como todas as outras artes, também a gastronomia despertou das trevas medievais.

Se um dia desses vocês estiverem em Roma e forem visitar o Trastevere para uma viagem ao passado judaico da cidade (diga-se de passagem, um dos *ishuv* mais antigos que se conhece), recomendo um almoço no Da Giggeto Al Portico, onde poderão experimentar as legítimas *Carciofi alla Giudia* ou as *Fiori di Zucca* (flores de abóbora ou cambuquiras), recheadas com queijo, anchovas e fritas à milanesa. Ou um jantar no Piperno, um restaurante aberto em 1860, até hoje sob o comando da família Mazzarella, cuja grande especialidade é a *Vignarola*, um refogado divino de alface, ervilhas e alcachofras.

Um dos caminhos mais rápidos para chegar ao Trastevere é pela ponte Garibaldi, de onde, aliás, tem-se uma bela vista da Isola Tiberina, uma graciosa ilhota no Tevere.

Quando vocês estiverem entrando na ponte, saibam que estarão passando por um "campo santo gastronômico". Nesse local, bem na embocadura da ponte, existiu no passado a Igreja de SS. Vincenzo ed Anastasio alla Regola, dedicada aos cozinheiros e padeiros, cuja confraria manteve a igreja e lá fazia suas reuniões e celebrações até sua destruição, no século XVIII. No entanto, o que nos interessa aqui é que, exatamente por ser dedicada aos cozinheiros, em 1577 foi nela enterrado o corpo de Bartolomeo Scappi, um dos nomes mais importantes e menos estudados da história da gastronomia.

Nossa história começa em 1500, ano utilizado como referência para o início do Renascimento e ano estimado do nascimento de Scappi.

O mundo passava por transformações extremas, e o dinheiro proveniente do comércio com o Oriente financiava uma revolução nas artes, nos costumes e no pensamento humano.

O Renascimento marca o final definitivo do feudalismo e da Idade das Trevas, trazendo os padrões clássicos gregos de volta ao cenário e colocando o homem como o centro do mundo. Seu ápice ocorre no século XVI, quando se espalha a partir da Itália para Espanha e Portugal e depois para toda a Europa. O enorme fluxo de dinheiro advindo do comércio financiou e estimulou pintores, escultores, inventores, cientistas e aventureiros a embarcar em um dos maiores surtos criativos da história da humanidade. Galileu, Colombo, Gutenberg, Michelangelo e Da Vinci (este, aliás, um grande cozinheiro, que chegou a ter um restaurante, com seu colega Botticelli, chamado Os Três Caracóis, sendo a ele atribuídas as invenções do guardanapo e da tampa de panela, segundo o *Codex Romanoff*, descoberto em 1981) são alguns exemplos dessa safra premiada de gênios renascentistas.

O descobrimento dos tipos móveis facilitou a difusão do saber, e, assim, os livros começaram a circular por toda a Europa. Por exemplo, o *Le Viandier*, de Taillevent, um manuscrito do século XIV, tornou-se o primeiro best-seller de culinária da história, com edições sucessivamente esgotadas, e espalhou sua influência pela Europa, tornando-se obra fundamental da culinária.

Platino de Carmona publicou em 1474 *De Honesta Voluptae et Valetudine* (O livro da honesta volúpia), muito mais que um livro de receitas (aliás, nele há poucas receitas), um manual de comportamento e etiqueta à mesa, preocupado com o ato social de comer e a saúde dos comensais.

Erasmo de Roterdã publicou em 1530 *De Civitate Morum Puerilum* (Da educação de nossos filhos), que consagra definitivamente a urbanidade e a civilidade como parâmetros do ser civilizado, com ênfase nas boas maneiras e no *externum corpum decorum*, a aparência individual como um separador do ser civilizado do incivilizado ou, nas palavras do próprio Erasmo, uma forma de distinguir as camadas superiores das inferiores.

Os reflexos dessas colocações na culinária e na gastronomia são definitivos. Atitudes feudais como compartilhar a bebida do mesmo copo, cortar com a adaga ou a espada, pegar a comida com as mãos ou fazer "ruídos" corporais passaram a ser recriminadas. Surgiram, então, a faca de mesa, o garfo, as travessas, as tigelas e os aparadores.

O casamento de Henrique II com Catarina de Médicis é marco histórico, pois, no dote da rainha, vieram de Veneza receitas que influenciaram toda a Europa. Também com Catarina vieram os copos de Murano e o hábito de pegar um copo para cada bebida.

Com a necessidade de travessas e tigelas, veio a porcelana. Os grandes ourives e escultores da Itália, acostumados a fazer obras de arte para seus reis, como o histórico saleiro de ouro que Benvenutto Cellinni fez para Francisco I, começaram a pesquisar novos materiais, e artesãos da cidade de Faenza descobriram como recobrir peças de barro com esmalte, barateando a produção e aumentando as possibilidades de novas peças.

Pois é nesse burburinho que se estima, em 1500, o nascimento de Bartolomeo Scappi em Bolonha.

Pouco se sabe de sua vida até abril de 1536, quando, a serviço do cardeal Lorenzo Campeggi, preparou um magnífico banquete para o imperador do Sacro Império Romano, Carlos V. O cardápio desse banquete foi descrito em pormenores no quarto capítulo de seu livro, do qual falaremos a seguir.

Começou assim sua carreira no Vaticano, trabalhando para o papa Paulo III. Daí em diante, serviria a cinco papas.

Note-se que, durante os anos de 1534 a 1541, quando Paulo III chamou Michelangelo para terminar a decoração da Capela Sistina (cuja primeira fase foi de 1508 a 1512, por encomenda de Júlio II), e o genial artista pintou a cena do Juízo Final na parede atrás do altar, tivemos os dois mestres trabalhando juntos, no mesmo palácio, um na capela, outro na cozinha.

Desse período vem boa parte das receitas e pesquisas de Scappi, que culminariam na publicação de seu livro.

Viriam depois Júlio III, Marcelo II, Paulo IV, Pio IV e Pio V.

Cada um desses pontificados deixa suas memórias ao cozinheiro, tudo descrito em minúcias no livro.

Quando da morte de Paulo III, o conclave para a eleição do novo papa durou três meses. Scappi descreve não apenas os menus servidos, como também os cuidados que foram tomados para que nem mensagens secretas nem venenos chegassem aos cardeais com a comida, bem como as brigadas e os equipamentos necessários para as refeições.

Ao convocar a terceira fase do Concílio de Trento, Júlio III exigiu da cozinha cardápios fenomenais, que Scappi também descreve em detalhes.

Com um pontificado de apenas 21 dias, Marcelo II causou profunda impressão em nosso cozinheiro por causa de sua visão humanista do mundo.

Paulo IV foi odiado pelo povo e por Scappi, que não conseguia atender a seus pedidos de comida frugal em horas inusitadas.

Pio IV, ao concluir o Concílio de Trento, propiciou a nosso cozinheiro a possibilidade de fantásticos jantares, que, infelizmente, não estão descritos, mas apenas mencionados no livro.

Já Pio V foi um papa severo e frugal, de quem Scappi fala com muito carinho: "Apesar de extremamente frugal e austero quanto a exageros culinários, não podia resistir a perdizes recheadas com pinoles. Levantava-se às 10 da manhã, tomava leite recém-ordenhado, marzipã e três a quatro das minhas perdizes".

Em 1570, Scappi publica a magistral *Opera dell'Arte del Cucinare*, uma verdadeira enciclopédia de cozinha, com 1.200 páginas, divididas em seis volumes.

O primeiro volume inicia um diálogo com um pupilo imaginário (Giovanni) sobre as responsabilidades de um cozinheiro, os instrumentos de cozinha e como reconhecer e comprar bons ingredientes.

O segundo livro traz textos sobre carnes e molhos, inclusive com valiosas receitas de miúdos, e faz uma curiosa citação sobre como os judeus conseguem fígados de ganso duas a três vezes maiores que os normais superalimentando-os.

Já o terceiro livro, ou *libro quadragesimale*, versa sobre peixes, ovos e vegetais, contando sobre as comidas do Novo Mundo, como feijões e abóboras, elegendo o queijo parmesão como o melhor queijo do mundo e trazendo uma novidade, aparentemente divulgada por ele, o queijo muçarela.

O quarto livro, ou *dellimbandire le vivande*, é uma coleção de menus por estação e ingredientes disponíveis, incluindo o famoso menu do banquete de Carlos V.

O quinto livro dedica-se apenas a farinhas, massas, pizzas e brioches. Aqui, notamos a influência da invasão moura nas receitas de arroz, cuscuz e cozidos.

O sexto e último livro apresenta receitas especiais para doentes e convalescentes, bem como adaptações das receitas do livro para estes.

A obra é ilustrada com 28 esplendorosas xilografias que mostram detalhadamente como deve ser uma cozinha e seus utensílios, além de pormenores técnicos. Aqui aparece pela primeira vez a ilustração de um garfo como item necessário à boa mesa.

Enfim, nada foi esquecido. No livro, há conselhos sobre como servir, o que seria mais adequado a cada tipo de refeição ou cerimônia, a descrição detalhada da organização e da brigada de uma cozinha, além do material e das equipes necessários a cada tipo de evento.

O rigor técnico e científico com que Scappi trata a cozinha fez alguns estudiosos chamá-lo de "o Copérnico da gastronomia".

Tudo o que conhecemos sobre as descobertas, a criatividade e o engenho da Renascença está refletido, no campo da gastronomia, na maravilhosa obra de Bartolomeo Scappi. Existem traduções para o inglês de boa parte da *Opera de Bartolomeo Sccapi*, como ficou conhecida, a qual recomendo que seja lida com avidez. É um retrato da grandeza humana, feito a partir da cozinha. Até mesmo um não interessado em culinária ficará maravilhado com esse gênio que influenciou toda a cozinha do Ocidente e cujas ideias, teorias e técnicas alcançaram o século XXI.

O BANQUETE DOS PREFEITOS

A EDIÇÃO DO *THE NEW YORK TIMES* DE 23/9/1900 NOTICIAVA
COM EXCLUSIVIDADE A "MONSTER FEAST IN PARIS", OCORRIDA
NO DIA ANTERIOR. A SEGUIR, A VERDADEIRA HISTÓRIA DO
MAIOR BANQUETE DE TODOS OS TEMPOS.

Há mais de 2.800 anos, Ashurnarsipal, grande e impiedoso rei da
Assíria, já havia promovido o maior banquete da história para celebrar a
inauguração de seu palácio em Calah. Foram dez dias de comilança para
exatos 69.574 convidados (veja na página 76). Esse fato, todavia, não
tira os méritos históricos deste banquete nem depõe contra o sisudo *The
New York Times*. Faremos, a partir de agora, apenas uma ligeira retificação
histórica.

Estamos no ano de 1900, virada de século. Flaubert disse que o
século XVIII descobriu o prazer e o século XIX teria de achar o trabalho
para sustentá-lo. A exposição mundial de Paris inaugurada em 14 de

abril daquele ano era um retrato fidedigno de sua época. As nações lá estavam para mostrar seus avanços industriais, por exemplo, no uso da eletricidade, bem como para justificar o colonialismo como forma de garantir as *commodities* necessárias ao bem-estar do Ocidente.

Obras-primas como a Torre Eiffel e o Petit Palais foram construídas para celebrar a efeméride e a grandeza da criação humana. A cidade inaugurou seu sistema de metrô, assim como sua iluminação elétrica, e deslumbrou o mundo.

Pois foi nesse ambiente que o presidente Loubet resolveu recepcionar todos os prefeitos da França em um jantar histórico.

Foi marcada a data, 22 de setembro, com quatro meses de antecedência, e contratada a prestigiosa Maison Potel et Chabot para organizar o evento. A propósito, a Maison existe até hoje e continua a ser um dos melhores bufês da França.

A escolha do local envolveu um verdadeiro plano logístico e acabou recaindo sobre o Jardim das Tulherias.

Uma tenda com 35 mil metros quadrados foi montada, onde se encaixaram 7 quilômetros de mesas para 30 mil convidados (22.295 prefeitos, seus séquitos e papagaios...).

Doze cozinhas espalhadas em um raio de quatro quilômetros prepararam a comida e a bebida, tendo comunicação com o salão de banquetes por um sistema de telefones montado pelo Exército (vamos lembrar que o telefone era algo bastante recente). Além disso, 40 ciclistas levavam e traziam mensagens e pequenos volumes.

Outra novidade da época foi utilizada: dois automóveis levavam os chefs a cada ponto para acabamento dos pratos e *mis en place*.

A brigada total de trabalhadores foi de 9.866 funcionários: 3.000 garçons, 3.600 cozinheiros e assistentes de cozinha, 300 lavadores de pratos e 1.000 *maîtres*.

A quantidade de ingredientes era infindável:

. 1.500 FAISÕES

. 2.500 PATOS

. 2.500 GALINHAS

. 3.000 QUILOS DE SALMÃO

. 4.000 QUILOS DE FILÉ-MIGNON

. 50.000 PÃEZINHOS

. 700 POTES DE MOSTARDA

. 1.500 QUEIJOS *CAMEMBERT*

. 2.500 LITROS DE MAIONESE

. 1 TONELADA DE AÇÚCAR

. 33.000 GARRAFAS DE VINHOS TINTO E BRANCO

. 7.000 GARRAFAS DE CHAMPANHE

Alguns desses itens foram consumidos para montar o seguinte cardápio:

Potage Saint-Germain — Creme de ervilhas frescas com vinho branco, nomeado em homenagem ao conde de Saint-Germain, ministro de Finanças de Luís XV.

Hors d'Oeuvres Varies — Não ficou registrado o que foi servido. Pela lista de ingredientes e costumes da época, provavelmente canapés frios com camarões, champinhons ao creme de mostarda e salmão defumado.

Darne de Saumon Glacée Parisienne — Uma posta alta (a palavra "darne" vem do bretão "dam", que significa "pedaço") de salmão cozida em caldo de peixe, recoberta por *aspic* e depois por maionese espessa com macedônia de vegetais.

Filet de Boeuf Bellevue — Tiras de filé-mignon cozidas em caldo espesso e condimentado e depois servidas em *aspic*. O nome vem do castelo de Belleville, que pertenceu a Madame de Pompadour, que fazia esses pratos para Luís XV.

Pains de Canetons de Rouen — O mais famoso e clássico dos patos franceses, assado, desfiado e servido com massa de pão e molho espesso feito à base de asas e patas.

Poulard de Bresse Rotie — A galinha de Bresse é a única do mundo que tem DOC, ou seja, denominação de origem controlada. Sua raça tem características únicas, a começar das cores da bandeira da França: vermelho (crista), branco (penas) e azul (pernas). Sua clássica receita é simplesmente assada. O grande Escoffier não conseguia enxergar outra forma de servi-la e escreveu: "Tempere-a apenas com sal, pimenta-do-reino, alecrim e fatias de bacon. Nada mais".

Aspic de Saumon — Salmão inteiro, cortado ao meio, assado e servido recoberto por *aspic*, alcaparras, raiz-forte e fatias de limão.

Ballontine de Faisan Saint-Huvert — A ave é totalmente desossada e depois recheada com seus miúdos, temperos e ervas. Deve-se amarrar todo o seu corpo e envolvê-la em um pano para cozimento em fogo lentíssimo. É servida em fatias com molho espesso e vegetais no vapor. O nome Saint-Huvert designa pratos que têm trufas ou purê de trufas em seu recheio.

Salade Potel — Uma salada de vegetais cozidos e resfriados, temperados com um vinagrete à base de alho, vinagre tinto e mostarda suave.

Fromages

Glace Conde — Frutas conservadas em bebidas diversas e servidas com gelo moído.

Como podemos observar, o menu levou em conta a grandiosidade do evento e os poucos meios de conservação e cocção da época. Seria impossível abastecer tal multidão com comida quente e elaborada, daí um cardápio que privilegiou os pratos frios, embora muito requintados. Qualquer *caterer* moderno evitaria a maionese, pelo risco que a utilização de ovos crus oferece. Felizmente não houve registro de incidentes estomacais.

Alguns dos vinhos servidos (não há registros precisos):

Preignac
Saint-Julien
Haut Sauternes
Beaune Margaux 1887
Champagne Montebello

O jantar durou quatro horas, e o presidente retirou-se após duas delas, fortemente ovacionado.

Apenas um único incidente foi registrado, quando o prefeito antissemita de Angers quis iniciar um discurso sobre o tema e foi discretamente retirado do local. Outros três prefeitos (provavelmente camponeses que nunca tinham saído de suas cidades, segundo a imprensa da época) exageraram no deslumbramento e tiveram de ser atendidos pela saúde pública.

"...TEMPERADO COM SAL, PURO E SANTO..."
(ÊXODO 30:35)
A HISTÓRIA E A TRAJETÓRIA DO SAL ANTECEDEM
A HISTÓRIA DO HOMEM.

Evidências históricas e observações de animais mostram que os animais pré-históricos já procuravam sal mineral para lamber, mantendo assim o equilíbrio entre sódio e potássio, fundamental para a vida. É razoavelmente provável até que o homem, ser desprovido desses instintos, tenha aprendido a consumir sal com os animais.

O fato é que o sal é o mais antigo tempero e preservante que o homem conhece em sua história. Em 2700 a.C., portanto há mais de 4.700 anos, Tzao-Kan-Mu foi o autor, na China, do primeiro tratado de farmacologia conhecido, no qual descrevia 40 tipos diferentes de sal e pelo menos dois métodos de extração e refino deste.

Por sua importância para a vida humana, o sal é tema de histórias, fábulas, contos e lendas. Seus significados e simbolismos são incontáveis em religiões e mitos de todos os povos do planeta.

O homem precisa repor entre 5 e 10 gramas de sal por dia para manter seu equilíbrio fisiológico. Isso representa 1,8 a 3,6 quilos por ano, ou seja, a humanidade consome, ao menos, anualmente, entre 11 milhões e 22 milhões de toneladas de sal.

Obviamente esse consumo todo não é apenas de sal *in natura*. A reposição de sal também ocorre por meio dos alimentos que ingerimos, como a carne. Entretanto, estamos falando da reposição mínima necessária, pois o consumo total é bastante superior, seja como tempero, ou como ingrediente, seja pelo uso industrial. A produção mundial é estimada em 225 milhões de toneladas métricas. Apenas nos Estados Unidos, 15 milhões de toneladas de sal são utilizadas anualmente para degelo e controle da neve nas rodovias.

Pela História, há muitas provas de que o sal foi elemento importante na economia mundial, como a Via Salária, entre Roma e Ascoli; a Route du Sel, na Provence; a Via Salarium, na Turquia; a Ruta do Sal, no País Basco; a cidade de As-Salt (depois conhecida como Saltus), na Jordânia; Salzburg e suas quatro minas de sal, na Áustria; a cidade de Tulz (sal, em turco), na fronteira da Eslovênia com a Croácia; as tristemente famosas minas de sal da Sibéria, todas assim nominadas por sua importância no fabrico e comércio do sal. Um registro histórico da Route du Sel aponta que, apenas no ano de 1776, saíram de Nice 35 mil mulas carregadas de sal para outras cidades.

Na Grécia, a troca de sal por escravos gerou a frase "não vale o sal que come". Os romanos tinham especial preocupação com suas minas de sal, e algumas delas estão em atividade até hoje. A mina de Wieliczka, na Polônia, com seus 300 quilômetros de túneis a 150 metros abaixo da superfície e sua surpreendente catedral de sal, um dos pontos que mais atraem turistas no país, é um bom exemplo. Herodes manteve o monopólio do sal retirado das minas do Mar Morto e construiu o Porto de Cesareia para, entre outras coisas, facilitar a exportação do sal para outros domínios romanos.

A expressão *salarium*, que todo mundo atribui ao pagamento dos legionários em sal, hoje é questionada por alguns historiadores, que preferem entender que esse pagamento era feito para repor as necessidades básicas do soldado, principalmente o sal.

Os egípcios foram os primeiros a registrar o uso culinário e como conservante do sal, e pinturas de 1450 a.C. já mostravam o fabrico de sal. Receitas da época levavam sal, e seu uso em conservas e panificação era conhecido. Era utilizado também na mumificação, e uma receita antiquíssima de dentifrício misturava berinjela tostada em pó e sal.

Em termos econômicos, como vimos anteriormente, o sal movimentou legiões e povos para que tivessem meios de produção e comércio.

Na Etiópia, o sal foi usado como padrão monetário por quase mil anos, até 1935. Uma cotação do século XVI da *guela* ou *hew* – barra de sal usada como padrão – valia 16 quilos de trigo.

Na Bíblia, encontramos mais de 30 referências ao sal, sendo a mais famosa e conhecida a que aparece em *Gênesis* 19:26, aquela na qual a mulher de Lot é transformada em uma coluna de sal.

No âmbito político, tivemos a Marcha do Sal de Gandhi (contra a taxação absurda imposta pelos ingleses), a revolta contra a *gabelle* (o imposto sobre o sal, que foi um dos pilares da Revolução Francesa), o poderio de Veneza pelo monopólio do sal na Europa e a manobra holandesa para bloquear o acesso da Espanha às suas minas de sal, o que praticamente quebrou a Coroa espanhola, todos episódios que atestam sua importância.

Homero chamou-o de divino. Platão, de substância dos deuses. Shakespeare menciona o sal 37 vezes em suas obras. Suas características divinas são refletidas nas diversas superstições sobre azar ao se derramar sal, não passar o saleiro de mão em mão etc.

Curiosamente, Leonardo da Vinci colocou um saleiro derramado na frente de Judas em sua *A Última Ceia*. Entre os judeus, derrubar sal na mesa para nele passar a *chalá* é uma forma de lembrar a destruição do Templo. Cervantes, pela boca de Dom Quixote, dizia que um homem tem de comer uma pitada de sal com seus amigos para depois conhecê-los. Cícero recomendava não confiar em um homem, a não ser que já tivesse partilhado sal com ele. Pitágoras afirmava que o sal era filho da pureza de seus pais, o Sol e o mar.

Arquestrato, o grande cozinheiro grego, ensinava que a melhor maneira de contentar um homem faminto era colocar em sua frente um bom pedaço de assado de carne temperado unicamente com sal; qualquer outra comida ou tempero seriam supérfluos.

A adição de iodo ao sal praticamente eliminou da sociedade moderna (ou pelo menos dos países que adotaram essa medida) as síndromes decorrentes de sua falta, entre elas o bócio, que, no Brasil, por exemplo, era endêmico.

Caminha, em sua carta ao rei, estranhou o baixo ou quase nulo consumo de sal pelos indígenas. Américo Vespúcio relatou que a tribo *hopi*, das Antilhas, secava água do mar para obter sal.

Quanto aos judeus, é importante lembrar os recintos especiais no Templo de Jerusalém, onde a carne era colocada em salmoura para purificação, o que, de certo modo, gerou um monopólio e uma fonte de receitas que muito contribuiu para sua manutenção.

A quantidade de fatos e curiosidades sobre esse "velho amigo" da raça humana é impressionante.

Um último dado interessante: quem for à Bolívia deve visitar o Uyuni Salt Hotel, no Salar de Uyuni. Trata-se de um hotel construído com tijolos de sal e que tem todos os seus móveis, as camas inclusive, feitos de sal.

Vamos ficando por aqui, mas não resisto a dar uma receitinha que leva sal, muito sal, para finalizar esta breve história:

PARGO NO SAL GROSSO

1 PARGO DE 2 A 3 KG (PODE SER SUBSTITUÍDO POR ANCHOVA OU VERMELHO)

2 LIMÕES CORTADOS EM RODELAS FINÍSSIMAS

3 A 4 KG DE SAL GROSSO

UM PUNHADO DE ERVAS PARA PEIXE (COENTRO, SALSINHA, ENDRO

E TOMILHO) BEM BATIDO

CLARAS DE 2 OVOS

Peça ao peixeiro para limpar e destripar o peixe, abrindo-o também pelo dorso.

Recheie o peixe com as rodelas de limão.

Em uma assadeira, faça um berço de sal grosso de 2 centímetros de altura. Coloque o peixe verticalmente, com o dorso voltado para baixo, sobre o sal. Misture o restante do sal com as claras e as ervas. Cubra o peixe, construindo paredes de sal ao seu redor. Não deixe nenhum pedacinho descoberto.

Asse em forno alto por 40 minutos.

Leve a assadeira à mesa. Com um martelinho, quebre a crosta de sal, que sairá com a pele do peixe.

Sirva os filés ou pedaços com azeites aromatizados que você pode fazer em casa, assim:

Coloque azeite extravirgem em garrafas bonitas e aromatize-o com:

TOMILHO E ENDRO (UM AMARRADO COM 2 OU 3 RAMOS DE CADA);

2 COLHERES (SOPA) DE ALHO TORRADO BEM PICADO (PIPOCA DE ALHO);

2 PIMENTAS DEDO-DE-MOÇA OU DE CHEIRO (FAÇA ALGUNS FURINHOS NAS PIMENTAS).

Deixe as garrafas por dois dias em local que receba sol, depois guarde-as em um armário por uma semana antes de servir.

Para acompanhar, grossas fatias de tomate (o momotaro é excelente para assar), berinjela (pré-grelhadas) e cebola roxa (faça uma pilha, começando pela berinjela grelhada, depois o tomate e a cebola por cima) assadas com bastante azeite e manjericão.

Um vinho branco do Loire (sugiro um Sancerre ou um Menetou-Salon) vem bem a calhar. Se não, um dos excelentes espumantes secos que o Brasil já produz.

UM DUELO DE TITÃS

De um lado, Domingos Rodrigues, chef de cozinha do palácio de Dom Pedro II de Portugal.

Do outro lado, Lucas Rigaud, cozinheiro francês, naturalizado português, chef de cozinha do vice-rei do Brasil, Dom António Álvares da Cunha, da rainha Dona Maria I e de Dom João III.

Comecemos por 1680, ano da publicação de *Arte de Cozinha*, de Domingos Rodrigues. "Livro dedicado ao conde de Vimioso, impresso na oficina de Manoel Lopes e com todas as licenças necessárias & privilégio real", como dizia a capa.

Curiosamente, o oficial responsável pelo *imprimatur* do livro comentou, ao dar a licença: "Ambos os livros deste *Arte de Cozinha* vi e reli (...) confesso que senti muito que ocorressem em Portugal (...)

pelo prejuízo que redunda à República e ainda ao serviço de D'us pelo incentivo à gula".

Todavia, conclui: "Como esta arte já passou a ofício e o haja em todas as casas nobres de Portugal, razão há de publicá-lo. O autor é grande oficial, tem a aprovação do Santo Ofício, e o livro não tem menos doutrina que outros já publicados (...) com o que será mais fácil aprenderem os principiantes. Assim autorizo para imprimir".

Vejamos agora a época culinária.

Em 1651, sob o reinado de Luís XIV, aparece na França o livro *Cuisiner Français*, de François Pierre, também conhecido por La Varenne (o cozinheiro que imortalizou o molho *duxelles*, os aspargos ao creme e, principalmente, os *fricassés*), chef de cozinha do marquês d'Uxelles. O livro desencadeia uma avalanche de novos livros de culinária, a ponto de, em 1691, circularem 100 mil exemplares de 75 edições diferentes por todo o país.

O livro de La Varenne fixou os parâmetros da culinária francesa da forma como ela é conhecida hoje e acabou por influenciar toda a Europa e o mundo conhecido da época.

Suas receitas, saídas quase todas da cozinha palaciana, eram baseadas em manteiga, especiarias orientais – um resquício ainda da cozinha medieval – e molhos, que passaram de ácidos a graxos, o que significou desprezo total pelo molho verde medieval (pão, salsa, gengibre e vinagre), até então ingrediente básico da culinária. Surgiu o uso de sucos de frutas e *coulis* e o melhor uso do açúcar, vindo das colônias, que passou a ser direcionado mais para doces e menos para os assados e cozidos. A notável exceção foi o pato com laranja, receita medieval preservada que é apreciada até hoje.

Nessa época reinava em Portugal Dom Pedro II, que, após anular seu casamento, casou-se com a cunhada, Dona Maria de Saboia, filha do duque de Nemours, nascida em Paris. Esta, em sua mudança para Lisboa, levou uma comitiva de mais de 100 pessoas.

Curiosamente, sabe-se que La Varenne saiu da casa d'Uxelles e foi servir a casa Nemours, dez anos antes da mudança de Dona Maria de

Saboia. A rainha era fã da gastronomia e teve Domingos Rodrigues como seu cozinheiro até morrer, três anos após a publicação do livro.

Fica, portanto, nítida a influência da cozinha francesa e de La Varenne na obra de Domingos Rodrigues e na gastronomia portuguesa. Documentos históricos mostram como era a culinária no reinado de Dom João IV, que antecedeu Dom Pedro II. Por exemplo, a descrição do banquete oferecido aos reis espanhóis, cheio de caças, pavões, cisnes (todos servidos frios, pois eram assados e depois remontados com penas e decorados com pó de ouro, o que tomava um tempo enorme), especiarias, condimentos e mistura de paladares, característicos da cozinha medieval. Depois, vamos encontrar na mesa de Dona Maria uma culinária mais leve, com clara separação de sabores, um início de uso de vegetais, vitela, cabrito e peixes.

O livro traz 79 receitas de cabrito e carneiro, 99 de aves, 45 de vaca, 25 de porco, 66 de peixes e, como grande novidade, 48 de vegetais e 129 de caça, sofrendo ainda o peso da época medieval.

Uma de suas maiores curiosidades é a "pitora, que se faz de qualquer lombo, ou de vaca, ou de porco, ou de veado". Essa receita estabelece um paradoxo histórico, pois, em sua essência, é a receita de bife, que os ingleses anunciariam como *beefsteak*, sua invenção magistral, quase um século depois. Considerando-se o que a Inglaterra tirou de Portugal em sua história, não é de estranhar que tenha surrupiado mais esta receita:

> *Tomarão um lombo e o farão em talhadas* [fatias] *muito delgadas e as frigirão* [fritarão] *em toucinho meias fritas* [ao ponto]*, e depois lhe botarão pimenta-do-reino, e uma pequena* [aproximadamente 50 gramas] *de farinha torrada, quatro gemas de ovos, de sorte que engrosse o caldo, que lhe hão de botar, o qual há de ser duas colheres, e depois sobre fatias* [de pão, costume ainda medieval] *as mandarão à mesa.*

Se os portugueses não inventaram o bife, certamente neste livro, pela primeira vez, manda-se fritar a carne ao ponto, para depois utilizá-la em preparo ou servi-la.

Há de se notar ainda o capítulo XVII, que trata das *olhas podridas* (cozidos), todas de forte influência *sefaradi* como comida de *Shabat*, uma vez que eram cozidas em um dia e comidas no outro. Chama especial atenção a *desina olha moura*, que certamente tem seu nome derivado da *dáfina ou adafina*, prato clássico do *Shabat sefaradi* que chegou à Península Ibérica com a invasão moura.

Ainda curiosa é a receita de "Mãos de porco de judeu: depois de cozidas as mãos de porco, frias e *albardadas* [empanadas], pondo-se nos pratinhos, se mandarão à mesa". Por mais que tenha pesquisado, não consegui encontrar a origem e o motivo dessa receita.

Características da época e da culinária de Rodrigues são as *pepitórias*, que são cozidos feitos com asas e miúdos de aves que chegam a levar oito diferentes especiarias no preparo.

Outra receita marcante é a *piverada* (do francês *poiverade*), uma mistura que data da época medieval, com pimenta, muito vinagre, sal e alho para temperar aves, em especial o pato.

Por um tempo, o livro de Rodrigues causou uma pequena confusão com suas receitas de túberos, que muita gente confundiu com a recém-chegada batata. Na verdade, túberos são testículos de porco ou carneiro, cujo formato acabou dando nome não só aos tubérculos como também às túberas, as trufas brancas.

Vamos agora a Lucas Rigaud, que não só marcou a segunda revolução da cozinha portuguesa como, nos quatro anos que passou no Brasil, introduziu o conceito de gastronomia e cozinha de palácio nestas terras, iniciando efetivamente o país no mundo da alta culinária e da gastronomia.

Agora estamos no fim do século XVIII, com a Europa efervescente e enriquecida. Tayllerand, com sua política diplomática, redesenha o mapa da Europa, protegendo as fronteiras da França. Seu cozinheiro, Carême, era considerado arma fundamental para sua geopolítica, que o digam os banquetes do Congresso de Viena. Luís XVIII comentou com os amigos sobre a tentativa frustrada dos austríacos de levar Carême: "Carême conservou as cozinhas, e a França, as fronteiras".

Rei dos cozinheiros e cozinheiro do reis, Marie-Antoine Carême serviu, além de Talleyrand, ao rei Jorge IV da Inglaterra, ao czar Alexandre I da Rússia e à família Rothschild, inventando e imortalizando, entre outras, a técnica do suflê e as *charlottes*. Foi o responsável pela ocidentalização de uma série de receitas orientais, e ainda há quem lhe atribua a receita da maionese. Um de seus alunos foi Vincent La Chapelle, que chegou a cozinheiro de Luís XV e muito viajou, tendo oficiado na Alemanha, Holanda e Inglaterra. Entre suas criações está o "molho à espanhola", base de um sem-número de outros molhos.

Dizem que Carême nutria grande ciúme de seu aluno e fez questão de prefaciar seu livro *Le Cuisinier Moderne,* composto de cinco volumes, que acabou por ordenar as cozinhas de toda a Europa no que tange a técnicas e métodos. Na realidade, La Chapelle não foi um cozinheiro histórico, de primeira grandeza, como Carême, mas sua obra é definitiva. Foi um antecessor de Rigaud, uma vez que, por pouco tempo, foi cozinheiro chefe de Dom João V, de Portugal.

Rigaud chegou a Lisboa depois de ter quase dado a volta ao mundo como cozinheiro e encontrou a culinária do país estacionada e defasada em cem anos em relação ao resto da Europa. Vejamos o prefácio de seu livro:

> *O que me obrigou a dar à luz esta obra foi ver um pequeno livro, que ocorre com o título de A Arte de Cozinha, escrito no idioma português: o qual é tão defeituoso que, sem lhe notar os erros, e impropriedades em particular, se deve rejeitar inteiramente como inútil e incompatível com os ajustados ditames da mesma arte.*
>
> *Nesta obra, benévolo leitor, te ofereço três anos de trabalho, depois de ter praticado tudo que nela contém por 30 anos nas principais cortes, como a de Paris, Londres, Turim, Nápoles e Madri...*

Afora o fato de Rigaud não ter citado o Brasil, provavelmente por entender que não seria digno de sua obra, vemos a clara intenção de romper com o passado, com a estagnada e velha cozinha de Domingos Rodrigues, e começar tudo do zero.

Não é por acaso que seu livro chama-se *Cozinheiro Moderno ou A Nova Arte de Cozinha*, uma alusão dupla à obra de La Chapelle e à de Domingos Rodrigues.

A essa altura a obra já não teve necessidade de *imprimatur*, embora tenha sido aprovada pela Real Mesa Censória em sua primeira edição de 1780, tendo sido feitas reedições até 1785 e, depois, edições ampliadas e corrigidas até 1826.

A obra traz receitas de 63 sopas, 14 das quais para a saúde (testei a receita do *Caldo para Convalescentes* com meu amigo e irmão Hideo e foi uma beleza, ele está novinho em folha...), 88 pratos de peixe, 42 de ovos, 83 de aves, 37 de legumes, 29 de carneiro, 37 de vaca, "apenas" 76 de caça, 45 de vitela e curiosamente só 5 de porco. Segue um comentário de Rigaud:

> *Houve sempre certas reticências em relação ao consumo da carne de porco... Não terá sentido pensar na influência da grande comunidade judia que, desde nossa fundação, esteve presente na sociedade portuguesa?*

A Nova Arte de Cozinha marca a entrada de Portugal na moderna gastronomia. A canela, a noz-moscada, o cardamomo e o cravo-da-índia passaram, quase de vez, de ingredientes a aromatizadores. O anis, o açafrão, o gengibre e a malagueta passaram a ser usados com comedimento, e entraram em evidência o manjericão, o alecrim, o cerefólio, o funcho, o coentro, o estragão e "outros cheiros".

Os agridoces e misturas de mel foram praticamente abandonados. O serviço à russa foi incentivado, e recriminadas as montagens demoradas que esfriam a carne.

Rigaud mostrou especial preocupação com os pontos de cozimento e temperaturas certos das carnes, massas e doces. Outro enorme mérito de Rigaud é trazer ao conhecimento público os novos ingredientes que vinham de outros países e das terras novas. Assim, os portugueses ficaram conhecendo a alumela (sal duplo que contém alumínio e potássio, o alúmen), o bocão (carne defumada das Antilhas), a frangipana (creme de amêndoas da França), a abóbora ("os pepinos e as abóboras, ambos de sementes frias, servem para sopas, ragus, *fricassés*, guarnições de entradas e vários pratos de entremeio...) e a novíssima batata ("as batatas, depois de cozidas em água e peladas, comem-se com molho de manteiga e mostarda, mas as batatas das ilhas – batata-doce – servem comumente para doces de diferentes qualidades").

Rigaud acusava Rodrigues de ultrapassado, e muitos nobres portugueses, em contrapartida, acusaram Rigaud de estrangeiro que afrancesou a legítima cozinha portuguesa. Aliás, alguns críticos acusam--no disso até hoje.

Passados mais de 330 anos da publicação da obra de Rodrigues e mais 230 anos da publicação da obra de Rigaud, podemos claramente enxergar a importância de ambas. Rodrigues rompeu com as trevas medievais e iluminou a cozinha lusitana, e Rigaud logrou romper com Rodrigues e trouxe a mesa e a arte culinária de Portugal aos tempos modernos.

Nem Rodrigues foi o revolucionário que se apregoa, nem Rigaud o *enfant terrible* conforme se enxerga. Cada um a seu modo, e ambos fortemente influenciados pela escola francesa, trouxeram inestimável e fundamental colaboração ao mundo culinário lusófono.

Ganharam, sem dúvida, os portugueses, ganhamos nós, os brasileiros...

VACA EM CUBOS

Vamos aqui tentar, mais uma vez, corrigir
uma injustiça histórica.
Afinal de contas, quem pôs a vaca – e a galinha,
o peixe, os vegetais – dentro do cubinho?

O leitor poderá dizer que a resposta é óbvia: foi o senhor Maggi ou foi o senhor Knorr!

Vamos, portanto, a eles, começando em 1838, quando Carl Heinrich Knorr, escandalizado com os preços do café brasileiro, teve a ideia de misturar cevada ao café para barateá-lo.

Começou estudos de como secar a cevada sem perder seu sabor e nutrientes e acabou por estender esses estudos a outros vegetais, o que resultou no lançamento da primeira sopa em pó, em 1873, e do primeiro cubo de carne, em 1885, com 85 gramas (os de hoje têm 5,5 gramas).

Já o senhor Julius Maggi herdou o moinho de seu pai em 1872 e começou estudos para aproveitar os grãos que moía para além da farinha.

Em 1886, lançou dois ícones da culinária: as primeiras sopas prontas e o *Maggiwurtze*, o famoso molho Maggi, que visava dar um gosto de carne onde não havia carne.

Foi uma tentativa de substituir o extrato de carne, barateando o ingrediente. Na realidade, o molho fez mais sucesso que as sopas, espalhando-se pelo mundo inteiro como ingrediente de inúmeras receitas. *By the way*, tínhamos o molho no Brasil, e já há muito tempo sua produção foi descontinuada, uma pena.

De qualquer forma, em 1908 foram lançados os cubos Maggi, e, a partir daí, conhecemos o restante da história.

Nem a marca Knorr pertence mais à família Knorr – agora é uma divisão da Unilever – nem a Maggi pertence aos Maggi – atualmente é uma marca da Nestlé –, e nossa conversa poderia ir se encerrando por aqui.

Acontece que, antes das sopas secas, em pó, tivemos os extratos de carne, que as antecederam em estudos e desenvolvimento e têm, até hoje, destacada participação no mercado.

Voltemos a 1860, quando o barão alemão Justus von Liebig, preocupado com o alto custo da carne, quis desenvolver um sucedâneo que fosse mais barato. O princípio era cozinhar a carne até chegar a seu extrato, sua essência, um objetivo que os alquimistas da Idade Média sempre perseguiram, o de descobrir a essência dos elementos.

Seja como for, os técnicos de Von Liebig lograram chegar a um extrato de sabor muito agradável em 1860, mas o alto custo da carne ainda tornava o produto final muito caro.

Em 1866, por sugestão de um de seus administradores, a empresa mudou sua sede para o Uruguai, onde a carne custava um terço do preço europeu, e o extrato de carne Liebig ganhou mercado no mundo.

Enquanto isso, Napoleão III, em guerra com a Prússia, estava muito preocupado com a alimentação de suas tropas e encomendou ao inglês John Lawson Johnston um estudo de como transportar melhor alimentos nutritivos.

Em 1870, Johnston apresentou ao imperador o seu extrato de carne, que salvou as tropas da inanição, embora não as salvasse da derrota.

Tendo perdido seu maior e único cliente, Johnston lançou em 1889 seu extrato de carne, chamando-o de Bovril, uma mistura do latim *bos* (genitivo *bovis*), raiz da palavra "boi", com *vril*, termo que extraiu de uma novela de ficção científica do autor Bulwer-Lytton, *The Coming Race*, sobre uma nação extraterrestre que habitava o centro da Terra e cujas armas emitiam um raio, o tal *vril*, que dominava tudo e todos.

Já escolado sobre os custos da carne europeia, Johnston montou sua empresa na Argentina, na província de Entre Rios, onde hoje existe até uma cidade chamada Bovril. Diga-se de passagem, suas fazendas chegaram a ter metade da área da Inglaterra e 1,5 milhão de cabeças de gado.

Bovril teve um momento antológico na propaganda, quando, no início do século XX, obteve autorização para fazer um anúncio impresso que mostrava o papa com uma taça de caldo de carne com os dizeres "Dois poderes infalíveis: o papa e Bovril".

Bem, com a história dos extratos poderíamos então encerrar a epopeia dos cubinhos.

Não, definitivamente não!

Ainda não contamos que tanto Liebig como Johnston basearam seus produtos em estudos que o grande Nicolas Appert (veja "Tributo a um cozinheiro desconhecido", na página 193) havia iniciado em 1795, atendendo à convocação de Napoleão e dos quais resultaram as técnicas de embalagem de alimentos em vidros e latas para que o imperador pudesse alimentar suas tropas.

Com o prêmio ganho de Napoleão, Nicolas montou uma fábrica de conservas e publicou o livro *Arte da Preservação de Animais e Vegetais por Muitos Anos*, onde descrevia técnicas que acabaram por inspirar Knorr, Maggi, Liebig e Johnston.

Agora, sim, poderíamos encerrar nosso libelo histórico, não fosse pelas *trahanas* gregas ou *tarhanas* turcas, estas, sim, as verdadeiras pioneiras em sopas e caldo instantâneos.

Vamos agora à história das histórias: tudo começou quando meu amigo Sydney Bratt, da importadora Gourmand, trouxe-me de presente um lindo e curioso livro de receitas da Grécia.

O fato é que o tal livro menciona, por mais de uma vez, a *trahana* e seus inúmeros usos, e lá fui eu estudá-la. Após seis meses de pesquisas, cá está ela, com a história toda para nossos leitores...

No século VI, os pastores persas fabricavam o *kishk*, ou *kashk*, uma mistura de *burgul* (trigo sarraceno) e ervas secas ao sol, que era depois cozida com água ou leite e vegetais. Sua grande vantagem era que, por ser um pó seco, podia ser facilmente transportável na bolsa dos pastores. A palavra foi ficando e, hoje em dia, quer dizer apenas trigo quebrado. Não por acaso, ela evoluiu para o russo *kasha* (ou *kashe*) ou para o árabe *kishke*, velhas conhecidas dos judeus. Mais uma vez, entre a invasão moura da Europa e o trabalho dos mercadores turcos, um nome e um ingrediente espalham-se pela Europa e depois pelo mundo.

Mas foi na Grécia, com o nome de *trahana*, do turco *tarhana*, pelo grego *tractae*, aliás com sua receita mencionada por Apício no século X, que a fabricação dessa sopa instantânea atingiu o estado da arte. Aparentemente, a raiz da palavra vem do persa medieval *takhaneh*, querendo dizer "mistura". O linguista Perry mostrou, em estudo de 1997, como o velho *kishk* evoluiu para *takhaneh*.

A Grécia tem quatro tipos de *trahana*: azedo, doce, *lentem* (feito sem leite ou derivados) e *xinohondros*, este último uma especialidade única de Creta.

A base é sempre a mesma: trigo sarraceno quebrado em moinhos domésticos de pedra, atividade, aliás, que se iniciou há 4 mil anos, na civilização minoica. O resultado dessa operação é chamado de *hondros*.

Na prática cozinha-se leite de cabra com sal e deixa-se azedar "até que comecem a aparecer pequenas bolhas", como diz a senhora Kyria Eftyhia, uma especialista em *trahana* doméstica da aldeia de Kalohori.

Em um caldeirão ao ar livre, são misturados 20 quilos deste leite com 4 quilos de *hondros* e postos a cozinhar, mexendo-se constantemente com uma enorme colher de pau até que a mistura se torne espessa de tal forma que a colher fique de pé sozinha.

O caldeirão é então retirado do fogo e coberto. No dia seguinte, a mistura, semissólida, é espalhada em esteiras que ficam ao sol por alguns dias até transformar-se em pedras que são quebradas em um ralador grosso, em grandes grãos.

Esses grãos vão compor caldos e sopas, ou são misturados a leite, iogurte, caldo de carne ou simplesmente misturados com água, à velha moda dos pastores.

Modernas receitas gregas e turcas já utilizam a *trahana* misturada a cebolas caramelizadas e à tradicional berinjela, compondo uma pasta que é forte concorrente do *homus* e do *babaganouche*, ou como ingrediente em tortas – a *kolokithopita*, por exemplo, é uma deliciosa alquimia de arroz, erva-doce e *trahana* – e outras receitas.

Pronto, agora podemos descansar. Foi restabelecida a verdade histórica sobre quem colocou a sopa em cubinhos, tornando-a transportável, sem perda de sabor e propriedades, sem dúvida a primeira operação de *fast-food* da história.

Como disse o poeta turco Bushaq, no século XIV: "Sou um amante do pão, desde que não haja *tarhanas*...".

TEA FOR TWO

Nossa história começa no ano de 2737 a.C., com o imperador chinês Shen Nung.

Conhecido como "o Fazendeiro Divino", Shen Nung dedicou-se às ciências e foi pesquisador de ervas e seus usos farmacológicos, bem como de técnicas de agricultura. De acordo com a mitologia de seu povo, ele foi como um deus que ensinou a agricultura à China. Um de seus grandes feitos foi mostrar a seus súditos que a água deveria ser fervida antes de consumida, a fim de evitar doenças.

Pois bem, estando em viagem, o imperador e sua comitiva pararam em um jardim para descansar. Os servos imediatamente acenderam o fogo para ferver a água, que depois seria bebida, e não notaram que as folhas secas de um arbusto tinham caído na panela, acabando por resultar em uma infusão de cor dourada.

A curiosidade de cientista do imperador acabou por vencê-lo, e ele experimentou a infusão, achando-a deliciosa. Estudos posteriores revelaram que a planta era a *Camellia sinensis*, até hoje reconhecida como a única fonte das folhas de chá. Essa lenda é recontada de diversas maneiras, com diversos protagonistas, inclusive Buda, que teria, após um longo período de meditação, despertado com uma planta de chá fixa em sua visão.

Entre os incentivos do imperador e a posterior divulgação da bebida pelos monges budistas, o chá espalhou-se por todo o país, seja como tisana medicinal, seja como agradável bebida, fazendo com que apenas o consumo chinês já o tornasse a bebida mais consumida do mundo na época. O filósofo Lao Tsé, figura central do taoismo, escreveu que o "chá é a espuma líquida do jade".

Aliás, conta a lenda que Lao Tsé, por volta de 520 a.C., estava desencantado com a decadência moral da China e saiu em viagem para os rincões mais longínquos do país, para nunca mais ser visto. Em uma noite muito fria, ele encontrou abrigo em um posto de fronteira, e tudo o que o guarda-fronteiras Yin Hsi tinha para lhe oferecer eram chá quente e palavras de consolo.

Depois de aquecidos pelo bom chá, Yin Hsi convenceu o filósofo a colocar no papel sua sapiência, seus temores e receios pela degeneração moral da humanidade. Esses escritos resultaram no *Dao De Jing*, livro fundamental da filosofia oriental, que acabou por influenciar o taoismo, o budismo e, por consequência, a filosofia ocidental.

Em respeito à generosidade do guarda-fronteiras e em sua homenagem, o costume de oferecer chá às visitas tão logo adentrassem uma casa espalhou-se pela China.

Por volta do ano 750, durante a Dinastia Tang, o escritor Lu Yu publicou o livro *Tchai Jing* (Clássico do chá), descrevendo com detalhes a plantação, a colheita, os métodos de secagem, a oxidação e a preparação/ infusão da bebida, tornando clássicos os procedimentos que são seguidos até os dias de hoje.

Da China para o Japão – para onde o chá foi levado pelos monges budistas Seichô e Kukai, por volta de 750 –, para a Índia – hoje o maior produtor mundial, e, na realidade, onde o produto também é nativo, na região de Assam – e para os países árabes – onde entrou pela Rota da Seda –, o chá foi se espalhando pelo mundo oriental como bebida do dia a dia, mas principalmente como símbolo de cortesia e boas-vindas, sempre ligado ao encontro e à recepção de amigos ou visitantes.

Mas e a Europa? E o *English tea time*?

Voltando à história, aliás uma história conhecida, os portugueses e os holandeses tinham o total monopólio do chá no mundo ocidental. As preciosas folhas secas chegavam apenas a Lisboa e a Amsterdã, onde eram avidamente consumidas.

Ocorreu que o futuro Charles II da Inglaterra foi mandado à Holanda por seu pai, Charles I, para protegê-lo durante a Guerra Civil Inglesa, que, diga-se de passagem, acabou com a execução de Charles I.

Na Holanda, Charles, o filho, conheceu duas novidades que marcariam a sua vida: o chá, que adotou como sua bebida preferida, e a princesa portuguesa Catarina de Bragança, com quem acabou se casando. É importante, aqui, lembrar que no dote de Catarina constavam terras na Índia, que depois vão fazer parte de nossa historinha do chá. Há quem diga que foi Catarina quem apresentou Charles ao hábito de beber chá.

Pausa para uma rápida fofoca: Charles foi um pulador de cerca emérito. Teve uma quantidade muito grande de filhos espúrios, quase todos eles depois reconhecidos e tornados lordes ou duques. Um deles, Henry Fitz Roy, duque de Grafton, teve em sua linha de descendência o pai de *lady* Di, a princesa Diana. Assim, curiosamente, as dinastias Windsor e Stuart vieram encontrar-se no século XX.

Finda a fofoca, voltamos a Charles e Catarina, que levaram o hábito do chá para a Inglaterra, onde Charles foi coroado rei da Inglaterra, Escócia e Irlanda, em 1661.

Restrita à corte, por seu altíssimo custo, a bebida era tomada durante o dia, quando oferecida a visitas, e após a refeição da noite. Nessa época, eram duas as refeições dos ingleses: o café da manhã (*breakfast*), que era tomado muito cedo e consistia em cerveja, pão e carne, e uma única refeição noturna (*supper*), pesada e longa, que ocorria por volta das 20 horas.

Os nobres, seguidores rígidos de regras e etiquetas, praticamente nada comiam entre essas duas refeições. Até que, por volta de 1820, *lady*

Anna Maria Stanhope, sétima duquesa de Bedford, não aguentando a fome, resolveu rebelar-se contra a etiqueta vigente e começou a convidar suas amigas para um chá às 5 da tarde, um *five o'clock tea*. Os emissários eram enviados para a casa das mulheres a fim de convidá-las para uma reunião nos aposentos da duquesa, em Woburn Abbey, que oferecia um chá seguido de passeio pelos jardins. Quando retornou a Londres, a duquesa manteve a rotina, e não demorou para que outras damas da corte a imitassem no hábito e nos convites.

Os acompanhamentos habituais eram pequenos bolos, pão e manteiga, docinhos sortidos e só.

Todo um ritual foi criado para o evento. O mordomo trazia o cofre de chá – *tea caddy* –, e os serviçais, água quente, bule, xícaras e um pequeno fogareiro.

A dona da casa, que possuía a chave do *caddy*, abria-o e fazia o *blend* do chá ela mesma. Vale lembrar que o chá ficava trancado em cofrinhos por seu altíssimo valor.

Enquanto isso, o mordomo colocava água fervente no bule para esquentá-lo. Essa primeira água era jogada fora, o *blend* de chá era colocado no bule, e uma nova água quente era vertida sobre ele. Pronta a infusão, os serviçais utilizavam uma peneirinha sobre cada xícara para servir uma única rodada de chá de cada vez.

Nessa época, popularizou-se o *English crumpet* – uma panqueca alta que era pré-assada na cozinha e vinha para a mesa em uma placa de ferro aquecida onde era finalizada com manteiga (uma detalhada preparação do *crumpet* é mostrada no filme *O Mestre dos Mares*, quando o capitão e seu amigo médico o consomem durante suas tertúlias musicais a bordo).

Em seguida aos *crumpets*, em torno de 1840, foram adicionados bolos, biscoitos e *pâtisseries*, frutas, pequenos sanduíches, café, vinho clarete, *sherry* e champanhe. Vale lembrar que sanduíche queria dizer, à época, pão com presunto, língua cozida ou carne assada. Em 1870, foi inventada outra tradição britânica, mais leve e adequada ao chá da tarde, o sanduíche de pepinos, que consistia em finas fatias de pepino servidas em sanduichinhos de pão de miga.

Também nessa época começou a surgir a distinção entre o *low tea* e o *high tea*, ambos ligados não à nobreza de quem os tomava, mas sim à altura da mesa em que eram servidos. Assim, o *low tea* era servido aos nobres, às 5 da tarde, em mesas pequenas e baixas, as *coffee tables*, como são conhecidas hoje, uma vez que era acompanhado de pequenos acepipes.

O *high tea* era tomado pelos plebeus, na mesa de jantar, entre 6 e 8 da noite, como um jantar, o que acabou empurrando o significado de *supper* para a ceia que alguns comiam depois das 11 da noite.

Com esse consumo todo de chá, urgia quebrar o monopólio da Holanda e de Portugal, e, então, Charles II lembrou-se de dois fatos: primeiro, que sua antecessora, Elizabeth I, havia fundado a East India Company, coloquialmente chamada de John Company para explorar o Oriente, e, segundo, que sua mulher havia trazido, em seu dote, terras na Índia. Portanto, a John Company agora tinha uma base no Oriente para operar e plantar chá, e assim foi feito. Ocorre que a demanda era gigantesca, e não havia alternativa que não fosse importá-lo também da China.

Ao preço de 200 libras o quilo, o sistema financeiro inglês quebraria se todo esse chá fosse pago em dinheiro vivo. Assim, a John Company teve a ideia de plantar ópio nas suas terras e pagar o chá chinês com ópio.

Quando o imperador chinês percebeu que seu povo estava sendo literalmente viciado pelos ingleses e proibiu o comércio de ópio, foi deflagrada a Guerra do Ópio, na qual os ingleses declaravam lutar pelo "livre comércio mundial" (aliás, ouvimos um pouco dessa arenga aqui no Brasil, mais ou menos na mesma época, na abertura dos portos ao livre comércio... com os ingleses). O fato é que a Inglaterra ganhou a Guerra do Ópio e impôs o aviltante comércio na China até 1908.

Enquanto isso, o consumo do chá no país do rei só fazia aumentar, e começaram a ser criados os *tea gardens*, que eram locais públicos, em belos jardins, como Vauxhall e Ranelagh, onde era servido o chá com toda a cerimônia e etiqueta.

Ocorre que esses locais eram amplos e espalhados, e a cozinha algumas vezes ficava muito, mas muito distante das mesas. Criou-se então um serviço de cortesia para quem estivesse apressado ou atrasado. Pequenas caixas de madeira eram colocadas nas mesas dos *tea gardens* com a sigla "T.I.P.S.", que queria dizer "To insure prompt service" (Para assegurar um serviço rápido). Ao depositar umas moedas na caixa, o cliente avisava que estava com pressa e queria serviço rápido. Foi-se o serviço rápido, mas ficou a sigla, que até hoje brinda o garçom por um bom serviço prestado (ou assim deveria ser...).

O chá trouxe outras palavras para a língua inglesa, como *mandarim*, que veio do português *mandar* e designava o oficial da corte chinesa encarregado pelo imperador de negociar chá com estrangeiros, e *cash*, do português *caixa*, que designava a moeda corrente nas transações de chá.

Caddy veio da palavra chinesa que nomeava meio quilo – *one pound* – de chá.

Atualmente, o consumo de chá no mundo equivale à soma do consumo de café, chocolate, refrigerantes e outras bebidas não alcoólicas. Em 2009 foram produzidos quase 54 milhões de toneladas de chá no mundo; metade dessa produção veio da Índia (28%) e da China (24%). Seu consumo ainda cresce, tornando-o a bebida mais conhecida e apreciada do planeta.

Poderíamos, ainda, escrever muitas linhas sobre os tipos de chá, preparo e acompanhamentos, mas finalizo com uma frase do genial Henry Fielding (autor de *A História de Tom Jones*), que, em 1749, contou ao mundo que "o amor e o escândalo são os melhores adoçantes de um bom chá entre amigos".

TRIBUTO A UM COZINHEIRO DESCONHECIDO

Será que poderíamos imaginar o que seria de nosso dia a dia sem latas e vidros de alimentos?

Nos Estados Unidos são consumidos, anualmente, 133 bilhões de latas/vidros de alimentos em conserva ou bebidas. No mundo, algo em torno de 400 bilhões de unidades.

Essa história começa em 1799 com Napoleão. Uma de suas famosas frases era: "Um exército marcha por seu estômago". Tanto acreditava nisso que os historiadores creditam muitas de suas vitórias à logística de retaguarda que acompanhava os exércitos. Nunca é demais lembrar que a invasão da Rússia (onde a logística e tudo o mais foram derrotados pelo inverno) envolveu perto de 1 milhão de soldados.

Preocupado com o rápido avanço de suas tropas mundo afora e a incapacidade logística de alimentá-las, estabeleceu um prêmio de 12 mil francos para quem o ajudasse a resolver esse problema.

Atraído pelo polpudo prêmio, um cozinheiro de nome Nicolas--François Appert começou a estudar formas de conservar e transportar alimentos, partindo da premissa de que alimentos deveriam ser conservados em vidros, como o vinho. Tinha experiências prévias, pois possuía uma conhecida loja de geleias e confeitos na periferia de Paris, onde seu sócio era Grimod de la Reynière, o autor do notável *Almanach des Gourmands*, bíblia gastronômica da época.

Sessenta anos antes de Pasteur descobrir os micro-organismos, Appert, por pura intuição, achou que a solução era isolar os alimentos do ar, onde estão micróbios e oxidantes. Imaginou um sistema que, diga-se de passagem, é utilizado até hoje: pré-cozia os alimentos para matar eventuais organismos, colocava-os ainda quentes em vidros, pois o calor expulsa o ar do vidro, e fechava-os rapidamente. Os vidros eram então imersos em água fervente por longo tempo, selados com parafina e reforçados com arame.

Dezoito amostras contendo perdizes assadas, vegetais diversos e molhos foram enviadas para o Exército francês para testes em 1809, portanto dez anos depois do início dos estudos de Appert, e plenamente aprovadas. Appert recebeu o cobiçado prêmio e com ele publicou o resultado de seus estudos num clássico livro, *Arte da Preservação de Animais e Vegetais por Muitos Anos*, e abriu a primeira fábrica de conservas do mundo em 1812.

O governo inglês, tão logo soube do invento francês, percebeu a grandiosidade e alcance do projeto, e o rei Jorge III comissionou o industrial Peter Durand para "desenvolver conservas de alimentos em latas, vidros, cerâmicas ou outro material adequado".

Durand não evoluiu muito no processo, mas seus dois sócios Bryan Donkin e John Hall utilizaram seus estudos e acabaram por eleger as latas como melhores recipientes, pois podiam ser seladas sem ar e não quebravam como o vidro.

Suas latas eram de ligas de metais recobertas por estanho, por causa da oxidação, e soldadas ou com estanho ou com chumbo.

Já em 1813, sua fábrica atendia 13 diferentes guarnições externas do Exército britânico. Ironicamente uma delas era a Ilha de Santa Helena, onde Napoleão foi prisioneiro por seis anos.

O desenvolvimento das colônias na América e na África deu um novo alento às latas, pois as viagens ainda eram muito demoradas, e a comida nem sempre era disponível nas colônias.

Na época criou-se a expressão *Donkin's Provisions*, um caixote de latas contendo carnes, vegetais, aves, sopas e molhos que deveria ser suficiente para duas pessoas por 15 dias.

Nos Estados Unidos, a corrida do ouro em 1849 incentivou brutalmente o consumo de enlatados, ficando famosos os feijões em lata, ícones dos filmes de faroeste até hoje. O mais famoso deles foi o Boston Baked Beans, um cozido de feijões com pernil e melado, clássico da Nova Inglaterra.

Com o fim da Guerra de Secessão, os soldados voltaram para casa habituados a comer enlatados, e o costume espalhou-se por todo o país.

Invenções posteriores, como a solda elétrica e as máquinas de fazer latas, eliminaram uma série de problemas das antigas latas, como a contaminação por chumbo e o trabalho quase artesanal de fabricá-las (um bom artesão conseguia fazer, no máximo, dez latas por dia).

Uma das grandes descobertas foi a adição de cloreto de cálcio (um tipo de sal) aos alimentos, pois isso permitia aumentar a temperatura do pré-cozimento e, consequentemente, a velocidade de produção. Infelizmente também ensinou aos fabricantes a adição de conservantes, corantes, antioxidantes e por aí afora.

A invenção das latas de alumínio consagrou-as e consolidou-as como o melhor contêiner para alimentos e bebidas que o homem conhece, e a reciclagem do alumínio, praticada já no final do século XX e início do século XXI, deve garantir sua permanência entre nós por muito tempo.

Appert passou por momentos tristes numa fase da velhice, uma vez que os ingleses aperfeiçoaram sua ideia, utilizando latas em vez de vidros (a pedido da Marinha inglesa, que tinha problemas em carregar vidros nos navios) e nenhum direito lhe foi reconhecido.

Para piorar, sua fábrica incendiou-se em 1831, e sua esposa, de quem pouco se sabe, o abandonou nesse mesmo ano.

Com a restauração da monarquia, Appert, aos 80 anos, foi considerado benfeitor da humanidade e ganhou uma nova fábrica do imperador, Napoleão III, dessa vez para alimentos enlatados, a qual chegou a faturar 100 mil francos (uma fortuna na época) por ano.

Com a entrada das latas nos Estados Unidos, sua popularização foi instantânea, e elas se espalharam mundo afora. Appert morreu em julho de 1841 e ficou esquecido até 1955, quando entrou para o panteão dos grandes cientistas da França.

QUANTO MAIS VELHO, MELHOR...

Não concordo com ditados que fazem comparações de vinhos, com pessoas, menos ainda com aquele que diz que quanto mais velho, melhor.

Poucos vinhos resistem ao tempo e efetivamente melhoram com a idade. Curiosamente isso ocorre com os vinagres, em particular os balsâmicos; estes, sim, ficam mais suaves e elegantes com o tempo. Ficam mais sutis e mais complexos, como alguns bons amigos meus, que envelheceram com a mesma classe dos melhores balsâmicos.

Os vinagres são de fato como as pessoas: o primeiro contato é meio ácido, de gosto marcante. Com o tempo, esse sabor se modifica, fica mais doce e suave, bom de apreciar.

Mas esse texto diz menos a respeito de pessoas e mais sobre bons e velhos restaurantes, aqueles aos quais vale a pena ir e dizer que se esteve lá, fotografar, apreciar a comida e, principalmente, a história dessas verdadeiras instituições culinárias. Vamos falar apenas dos que seguem abertos desde sua fundação (e que são muitos).

Segundo o *Guinness Book*, o restaurante mais antigo do mundo ainda em funcionamento é o Botín, de Madri, aberto em 1725. Muitos entendidos questionam a informação. Discutiremos o assunto ao longo deste texto.

A mais antiga referência que encontramos de restaurante ainda aberto data de mais de 1.200 anos. Vamos a eles, portanto, por ano de abertura:

803 – Stiftskeller St. Peter, Salzburgo, Áustria

A fim de atrair pagãos para sua religião, os monges beneditinos abriram este restaurante, ainda hoje localizado no interior do mosteiro de São Pedro. Segundo as lendas, Mefisto encontrou Fausto em suas adegas, e Carlos Magno teria jantado mais de uma vez no local. Com ou sem lendas, sua história é antiquíssima, seus diversos salões são lindos, e seu jardim, muito agradável para um jantar de noite de verão. Regularmente promove jantares musicais somente com obras de Mozart, que foi um grande frequentador da casa.

A sopa de batatas aromatizada com trufas, o lombo de ovelha com aspargos e, principalmente, sua especial sobremesa, a *Salzburg Nockerln*, um suflê gigante com grossa calda de frutas vermelhas, honram a memória de Mozart.

Endereço: St. Peter-Berzik, 1-4.

1153 – Ma Yu Ching, Kaifeng, China

Pouco se sabe desse restaurante especializado em galinha, que tem poucas mesas e basicamente prepara comida para levar para casa nos seus mais de 850 anos! Fico devendo o endereço.

1273 – Piwnica Swidnicka, Wroclaw, Polônia

Essa adega de cerveja na capital da Silésia começou como uma taberna e acabou se transformando em um monumento histórico do país. Seu nome quer dizer "Adega Swidnicka", e até hoje o restaurante serve com exclusividade a deliciosa cerveja Bialy Baran (Ovelha Branca).

Teve entre seus *habitués* Chopin e Goethe, que lá iam atraídos pelas boas sopas, o tradicionalíssimo *Bigos*, um cozido de diversas carnes com *sauerkraut* e suas ótimas sobremesas.

Endereço: Rynek Ratusz, I.

1284 – Antica Trattoria Bagutto, Milão, Itália

Seu nome vem do lombardo *begutto*, isto é, lugar de glutões.

Uma curiosa propaganda de 1580, quando o restaurante já era velho, indicava que, sob a competente direção do marquês Ranieri, as 16 bocas de fogo do local preparavam a melhor comida da cidade para a distinta freguesia.

Ponto alto da história do restaurante foi o jantar que Napoleão ofereceu ao duque di Lodi, em 1807, por ocasião de sua posse no ducado.

Não conhecemos o menu desse jantar; se dele não constaram, deveriam ter constado o filé de linguado com pimenta-negra em grãos, miniervas doces e molho de abóbora e o filé tenro de novilho com compota de cebolas roxas que ainda hoje lá são servidos.

Endereço: Via Elio Vittorini, 4.

1465 – Owariya, Kyoto, Japão

Começou como uma fábrica de *soba*, o tradicional macarrão japonês, e acabou fornecendo suprimentos para a casa imperial japonesa no período Edo. A pedido do imperador, transformou-se em restaurante. Por retribuição e tradição, até hoje, quando o imperador vai a Kyoto, "paga" uma visita ao Owariya.

Sua *pièce de resistance* é o *Hourai soba*, precedido por uma amostra dos *hors d'oeuvres* da casa, entre eles o *Itawasa*, um bolinho de peixe com molho picante. Quanto ao *soba* em si, um delicioso e leve macarrão coberto por cogumelos, tiras de ovos, gergelim, raiz-forte, algas, cebolinha *futonegi*, camarões fritos, nabos ralados e pimenta-malagueta.

Endereço: 322 Kurumayachou-Nijyou, Nakagyou, Kyoto.

1518 – La Campana, Roma, Itália

A poucos passos da Piazza Navona, o mais antigo restaurante de Roma é um mergulho no passado. Embora as sucessivas reformas o tenham descaracterizado, suas receitas clássicas são impecáveis. Vale experimentar o *Carciofo alla giudia*, velha contribuição judaica à culinária italiana, o *Tagliolini con alici fresche e pecorino* e a diferente *Coda alla vaccinara*, uma bisavó de nossa rabada.

Endereço: Vicolo della Campana, 18.

1582 – La Tour d'Argent, Paris, França

Já falamos muito deste histórico local e de seus maravilhosos patos numerados, na história que tratou do jantar dos três imperadores (veja a página 101)

1599 – Albergue dos Viajantes, São Paulo, Brasil

Infelizmente, tudo o que sabemos deste local, exceção em nossa lista, pois não existe mais, é que pertenceu ao português Marcos Lopes e servia um único prato, o avô de nosso "PF", o prato feito, que era composto de feijão, farinha e algo mais que não se conhece, provavelmente carne e molho. Fica o registro.

1673 – The White Horse Tavern, Newport – Rhode Island, Estados Unidos

A casa construída em 1652 para residência do então milionário Francis Brinley foi transformada em taverna em 1673. Foi tão popular que as reuniões do Conselho da Cidade e da Corte Criminal se realizavam no local, precedidas por jantares ou seguidas deles.

Em 1708, aconteceu o primeiro escândalo político da região: conselheiros almoçaram lá em um dia em que não haveria reunião do Conselho e deixaram a conta para o tesouro público pagar. Houve, segundo jornais da época, severas punições e demissões.

Newport é uma linda cidade colonial, a uma hora e meia, de carro, de Boston, e merece a visita, seguida de um almoço ou jantar na taverna. Escolha uma especialidade local, como o *Vermont goat cheesecake*, um bolinho de queijo envolto em folhas de cebolinha, com um divino molho de abricó e amêndoas. Melhor ainda, participe do celestial *brunch* no domingo e prove um pouco de tudo.

Endereço: 26, Marlborough Street.

1696 – Le Procope, Paris, França

O imigrante italiano Francesco Procopio del Cotelli abriu esse café pertinho da igreja de Saint-Sulpice (aquela de *O Código da Vinci*) sem ter a menor experiência em culinária e, graças aos peixes divinos preparados por sua mulher, o lugar prosperou e ficou famoso.

Tinha como clientes toda a cúpula da Revolução Francesa, como Danton, Marat e Robespierre e, antes da revolução, de Voltaire e Benjamin Franklin, que lá jantou três noites seguidas.

Seu *Grand plateau royal* é uma sinfonia marinha com ostras (entre as quais a *belon* e a *creuze* normanda), mariscos, saguaritás, camarões e mais uma infinidade de crustáceos fresquíssimos. É a materialização do pecado da gula.

Imperdíveis também são a compota fria de berinjela, tomate e azeitona e uma receita de *Coq au vin* do século XVII.

Endereço: 13, rue de l'Ancienne Comédie.

1696 – Antico Ristorante Boeucc, Milão, Itália

Começou como bodega de vinhos, virou restaurante em 1848 e tornou-se um local importante para a culinária e para a história, pois foi a sede da resistência à invasão austríaca de 1840, comandada pelo marechal Radetzky. Os milaneses não somente foram derrotados, como também o marechal roubou a receita da *Cotoletta alla milanesa* e ofereceu-a a seu rei, o glutão Ferdinando I, que, com seu poder e influência na época, difundiu-a como *Wienner Schnitzel*. Coisas da guerra...

Foram clientes eméritos do Boeucc, entre outros, Verdi, Donizetti e Toscanini, que criou a receita do *Antipastino caldo del pescatore*, mexilhões cozidos em molho de tomate e ervas, servida até hoje.

Após o *antipastino*, solicite um *Fritto di cervella ai fiori di zucca* (linguiças muito suaves fritas com flores de abóbora) ou um *Filetino boeucc* (um filé alto malpassado – nem se atreva a pedir bem passado – com um espesso molho *roti*, quase um mingau).

Alerto para o fato de que a casa se aproveita de sua fama e abusa nos preços.

Endereço: Piazza Belgioloso, 2.

1720 – Det Lille Apotek, Copenhague, Dinamarca

Essa "pequena farmácia" guarda preciosidades da história da culinária dinamarquesa. Seu prato misto de *hering*, o *Hering platter*, é uma amostra das melhores técnicas de conserva e preparo dessa iguaria. Segundo a lenda, era o prato preferido de Andersen, frequentador habitual do local.

Siga com um *Stone beef*, um belo filé-mignon servido sobre uma pedra de lava aquecida para que o cliente possa finalizá-lo a seu gosto.

Termine com o melhor *crumble* de maçã de Copenhague.

Endereço: 15, Store Kannikestrade.

1722 – Mankamerou, Kyoto, Japão

Esse restaurante é um real museu histórico gastronômico. Fica em uma construção no autêntico estilo *sukiya* (aquele desenvolvido no século XVI, que deu as curvas convexas às coberturas e visava integrar as construções à natureza), de raríssima beleza.

Sua especialidade são os *Yosuku ryori*, banquetes imperiais cuja comida era, tradicionalmente, servida ao imperador em pedestais laqueados.

Chefs treinados na técnica *kappo*, na afamada e exclusiva escola *ikama* de culinária, são capazes de desmembrar e fatiar um peixe sem tocá-lo, em um verdadeiro balé, no qual até as roupas e os paramentos são especiais.

No entanto, tenha cuidado: um banquete *ryori*, para duas pessoas, pode facilmente chegar a 30 mil ienes (270 dólares)!

Como alternativa econômica, você pode pedir um *Take-kago bentou*, uma refeição completa que consta de um *Sashimi* de *toro* (a parte nobre do atum) sobre cubos de gelo, pratos cozidos no vapor e pequenas amostras da culinária de Kyoto, tudo isso em uma caixa de bambu laqueada que é uma verdadeira escultura, por "apenas" 6.500 ienes (aproximadamente 60 dólares).

Endereço: 387 Demizu-agaru Inokumadouri Kamigyou-ku, Kyoto 602-8118.

1725 – Botín, Madri, Espanha

Por diversos critérios, o *Guinness Book* considera esse o restaurante mais antigo do mundo, entre outros, por ele nunca ter mudado de endereço ou fechado por um só dia desde sua fundação. Seja como for, é um clássico. Tudo começou em 1561, quando o rei Felipe II transferiu a corte espanhola para Madri. Como na vinda de nossa Família Real, a necessidade de abrigar toda a nobreza que se mudava gerou inicialmente um caos na cidade; foi criado um imposto chamado Privilégio de Exenção de Huéspedes, que deveria ser pago por todo dono de imóvel com mais de um andar que não quisesse hospedar visitantes, e, graças aos registros públicos, sabemos que o prédio do Botín data de 1590, quando seu então dono inscreveu-se no tal imposto. Aliás, o forno a lenha ainda é o original, dessa época.

No citado ano de 1725, o restaurante foi fundado pelo cozinheiro asturiano Jean Botín. Após sua morte, sem herdeiros, assumiu seu sobrinho Candido Remis, que mudou o nome do restaurante para Sobrino de Botín, garantindo, assim, a freguesia. Conta a lenda que Goya, em seu início de carreira, por volta de 1760, foi lavador de pratos no restaurante.

No final do século XIX, a família González-Martín assumiu a casa, e hoje a terceira geração toca o restaurante.

Seus admiradores e frequentadores assíduos foram muitos e famosos, como John dos Passos, Graham Greene, Scott Fitzgerald e, como não poderia deixar de ser, Hemingway, que chegou a escrever: "Quero comer um *cochinillo* e beber um *Rioja Alta* no Botín na véspera de minha morte".

Aliás, essa é a grande especialidade do Botín: seus *cochinillos*, leitõezinhos de leite (ou leitão mamão, como é conhecido por aqui), que chegam todas as semanas de Segóvia e são assados à perfeição.

Um bom *gazpacho* de entrada, um *cochinillo* e um *Rioja Alta* são realmente a refeição definitiva. Hemingway tinha razão!

Endereço: Calle Cuchileros, 17.

1784 – Tavares Rico, Lisboa, Portugal

Aberto como uma tasca, local simples de refeições, em 1861 passou por uma reforma grandiosa que o tornou o restaurante mais chique de Lisboa.

Localiza-se no Chiado, o antigo bairro boêmio da cidade, que foi destruído por um incêndio criminoso em 1988 e, felizmente, reconstruído e revitalizado. O velho Tavares aguentou firme todo esse tempo, reabrindo suas portas dois dias após o incêndio.

Foi sede dos famosos e imortais almoços da Confraria Vencidos da Vida, fundado por Eça de Queirós, Ramalho Ortigão, Guerra Junqueiro e outros luminares da época.

Foi palco das brigas literárias e gastronômicas entre Eça e Bulhão Pato, poeta medíocre, mas grande *gourmand*, que acabou sendo homenageado com a receita das deliciosas Amêijoas à Bulhão Pato.

Foi palco também do maior e mais famoso pendura da história quando, em 1971, um grupo de gaiatos fez uma reserva para 20 pessoas em nome do xeque Iben Seddach. Chegaram em um Rolls-Royce e dois Mercedes-Benz escoltados por um batedor da polícia. Comeram e beberam do bom e do melhor e pediram que a conta fosse enviada ao hotel do xeque.

Ocorre que um jornalista, presente no local, publicou no dia seguinte que havia uma reunião secreta da Opep em Lisboa, e a farsa foi então desmascarada, descobrindo-se que não havia xeque nenhum e que até a escolta da polícia era fajuta.

Penduras à parte, lá estando, não perca as amêijoas citadas, que nem sempre estão no cardápio, mas basta pedi-las, e as Gambas Tigre (camarões gigantes) grelhadas e servidas sobre alho-poró com um *chutney* de cítricos.

Endereço: Rua da Misericórdia, 37.

1798 – Rules, Londres, Inglaterra

Uma verdadeira mania de ostras tomou conta da Europa no século XVIII, e, então, pipocaram casas especializadas por todo canto, originando a expressão *oyster bar*. Pois foi um desses que Thomas Rule abriu em Covent Garden. Diga-se de passagem, o nome do local vem da horta que o Convento de São Pedro lá mantinha e que acabou virando um local de venda de verduras e vegetais frescos para toda a cidade. Por volta de 1650, o Covent Garden foi transformado em um grande mercado que vendia comidas e temperos de todo o mundo.

Voltando à história do Rules, já em 1820 o *oyster bar* tinha se transformado em um belo restaurante, que, por sucessivas reformas, transformou-se em um dos mais charmosos locais da cidade atualmente.

Sua especialidade é a caça, e o cardápio se altera a cada estação de caça, conforme o tipo de carne obtido. Tem sua própria reserva florestal em High Pennines, de onde vêm veados, gansos, marrecos, alces e outras carnes excepcionais.

Sempre tive certa restrição às tortas inglesas, aliás, à comida inglesa de forma geral – como um país que dominou o mundo por séculos não aprendeu nada de cozinha? –, mas o Rules quebrou esse tabu. Vale a pena experimentar sua Torta de carne, rins e ostras (*Steak, kidney and oyster pie*), além das caças da estação e do clássico *Welsh rarebite*, uma deliciosa sopa de queijo com cerveja que os ingleses roubaram dos galeses.

No capítulo de bebidas, você vai conseguir entender o que a Inglaterra lucrou com o tratado de Methuen (o Tratado dos Panos e Vinhos de 1703) ao experimentar os raríssimos vinhos Porto Sandeman de 1955 e 1963, que quase não mais existem – cuidado, pois uma dose desses vinhos custa o valor de uma refeição.

Vale a pena ainda experimentar o drinque Grouse & Ginger, um clássico inglês feito de uísque Famous Grouse, gengibirra (cerveja de gengibre), limão e muito gelo.

Endereço: 35, Maiden Lane.

1826 – Union Oyster House, Boston, Estados Unidos

Em um histórico edifício, cheio de histórias (aliás, quase todo edifício de Boston é cheio de histórias...), começou sua carreira como Atwood & Bacon Oyster House, aproveitando a proximidade do porto, de onde vinha toda a sua matéria-prima. O balcão circular onde os clientes podiam comer ostras de pé está lá até hoje, servindo especialidades como as ostras locais, *Cape Cod cherrystones*, mariscos, amêijoas e uma infinidade de peixes.

Um fato curioso é que o futuro e último rei da França, Luís Felipe (que reinou de 1830 a 1848 e foi apelidado de "o pai do povo"), morou no sótão do mesmo prédio em 1796, onde dava aulas de francês para sobreviver durante seu exílio imposto pela Revolução Francesa.

Outra curiosidade tem a ver com o nosso país. O milionário Charles Foster conheceu, no Brasil, uma versão feita pelos indígenas dos palitos de dente de laranjeira, que eram fabricados manualmente pelas freiras portuguesas do século XVI, que vendiam em seu convento doces muito pegajosos e, como brinde, ofereciam os palitos.

Pois Foster achou uma boa ideia importar os palitos do Brasil e, como *merchandising*, contratava estudantes de Harvard para comer na Union Oyster House e solicitar os palitos ao final da refeição.

É claro que a recomendação da casa são as ostras fresquíssimas, além do *Clam chowder*, uma sopa de mariscos superclássica nos Estados Unidos.

Não deixe de experimentar a Anchor Steam Beer, uma cerveja de alta fermentação e pequena produção, vinda da Califórnia, cujo peculiar processo de resfriamento do líquido cria uma nuvem de vapor (*steam*) ao redor da fábrica. A Union é um dos poucos lugares onde se podem encontrar essa cerveja.

Endereço: 41, Union Street.

RÁPIDO E PEQUENO DICIONÁRIO HISTÓRICO-CULINÁRIO

BORSHT   Vem originariamente da Lituânia ou da Ucrânia, não se sabe ao certo. Foi popularizado na Polônia, onde era feito com nabos, com o nome de *barszcz*. O primeiro registro de uso da beterraba é do século XVIII, assim como sua versão fria para o verão, chamada de Svekolnik na Ucrânia. Sua popularidade aumentou entre os judeus, pelo fato de a beterraba ser muito barata e fácil de plantar. As mesas reais da Europa Central sempre rejeitaram o *borsht* por ser "comida de pobre".

BOUILLABAISSE   Sua origem é, com certeza, Marselha e, muito provavelmente, sua forma definitiva vem do século XVI, quando pescadores marselheses, revoltados com os baixos preços oferecidos pelos atacadistas, resolveram cozinhá-la na praia mesmo, nos *cabanons*, pequenas cabanas que utilizavam para dormir e guardar seu material de pesca. O nome vem da expressão *bouillir bas*, isto é, cozinhar em fogo baixo um ragu de peixes e frutos do mar, cozidos em água do mar.

Sopas de peixe são conhecidas desde a Grécia antiga, e sua invenção é atribuída ao deus cozinheiro Aegis de Rodes ou à deusa Vênus.

Servir a *Bouillabaisse* exige um ritual em que primeiro vem o caldo, acompanhado de *croûtons* generosamente cobertos do também histórico molho *rouille* (ferrugem). No segundo ato, servem-se os peixes e frutos do mar cozidos.

CACHORRO-QUENTE Existem aproximadamente dez diferentes histórias acerca da origem do *hot dog* e da salsicha. Eis a mais aceita: a salsicha de *hot dog*, da forma como a conhecemos hoje, teria sido criada em Frankfurt, em 1487. Daí ser conhecida até hoje como *frankfurter* ou simplesmente *franks*. Já a ideia de colocar a *frankfurter* em um pão teria ocorrido a Harry Mosley Stevens, concessionário do estádio Polo Grounds, em Nova York, durante um jogo de beisebol dos Giants, em 1902. Em um dia frio de abril, suas vendas de refrigerantes e sorvetes estavam péssimas, e ele teve a ideia de vender algo quente, ou seja, salsichas cozidas. Por uma questão prática, colocou-as dentro de um pão, para que os torcedores tivessem como pegar e comer as salsichas. Seus vendedores gritavam para os torcedores: *"They're hot! Get your sausages while they're red hot!"* (Elas estão quentes! Peguem suas salsichas enquanto elas ainda estão bem quentes!).

Da cabina de imprensa, o cartunista esportivo T. A. "TAD" Dorgan ouviu a gritaria e viu o sucesso que faziam os sanduíches. No outro dia, junto com charges do jogo, ele publicou um desenho de uma salsicha com patas, rabo e focinho, parecendo um cão da raça *dachshund*. Na pressa e sem saber como escrever corretamente o nome da raça, colocou a legenda *Hot dog*, como sendo um dos sucessos do jogo. A charge, como se sabe, foi um estrondo, e o nome batizou definitivamente o sanduíche.

CARPACCIO   Foi criado pelo genial Giuseppe Cipriani, fundador do Harry's Bar, em Veneza. Em 1950, a condessa Amalia Nani Mocenigo, assídua frequentadora do bar, pediu a Cipriani um prato leve, que não levasse carne assada ou cozida, proibidas por seu médico. O prato foi criado e batizado em honra a Vittore Carpaccio, pintor renascentista veneziano, famoso pelo uso da cor vermelha e que estava sendo homenageado com uma grande exposição na cidade, naquele ano. O molho da receita original, segundo Arrigo Cipriani, filho de Giuseppe, levava apenas maionese, gotas de molho inglês, suco de limão, duas colheres (sopa) de leite, sal e pimenta-do-reino branca, tudo bem batido, para fazer uma emulsão.

CHEESECAKE   A sobremesa que é símbolo de Nova York não é invenção norte-americana. Em seu livro *De Agricultura*, publicado em 200 a.C., o cônsul romano Cato registrou uma receita de *Libum* que provavelmente é o bisavô do *cheesecake*. Ateneu de Náucratis, o grande escritor e *gourmet* grego, já registrava três receitas de ancestrais do *cheesecake* em seu magistral *Deipnosofistas* (O banquete dos sofistas). O cozinheiro de Ricardo II da Inglaterra, em seu livro *The Forme of Cury*, descreve o *cheesecake* como um dos pratos preferidos do rei. Todavia, o *cheesecake* estreou em Nova York no começo do século XX, trazido da Rússia, presumivelmente por Arthur Reuben, dono da Deli Reuben's. Outras *delis* o copiaram, como as famosas Lindy's e Junior's, tornando-a uma sobremesa imortal. Em uma entrevista, Reuben declarou que em sua terra natal a receita chamava-se *Pashka*.

CREME CHANTILLY   A invenção desse imortal creme está ligada à trágica história de Fritz Vatel. Chef e mordomo do castelo de Chantilly, foi encarregado de organizar a recepção ao rei Luís XIV, em 1671: um banquete para 3 mil pessoas. Diz a lenda que Vatel teria criado o creme para essa ocasião, utilizando o leite altamente gorduroso da região, uma fava de baunilha e açúcar. Mas, segundo os céticos, teria sido puro acaso. Há também outra teoria que coloca a invenção dez anos antes desse evento. Seja como for, serviu-o pela primeira vez no também famoso banquete de inauguração do Castelo de Vaux-le-Vicomte quando servia a Fouquet.

Por razões desconhecidas, teria dado o nome de Chantilly ao creme, dez anos depois. Voltando ao evento em homenagem a Luís XIV, compareceram mais convidados que o estimado. Uma tempestade acabou com a monumental fogueira em que seriam assados perto de 500 quilos de carnes, e Vatel ficou arrasado com o fracasso. No dia seguinte, dois carroções de peixes frescos, que depois de assados e grelhados deveriam redimir o vexame anterior, atrasaram, e Vatel, desesperado, suicidou-se aos 36 anos. Conta a lenda que seu último suspiro coincidiu com a entrada dos carroções que finalmente chegaram ao castelo. Vatel não viveu para ver o sucesso de sua genial invenção, maior e eterna glória.

COUVERT   A expressão nasceu no século XV, na França, quando, por uma questão de higiene, os pratos eram levados aos clientes, nos restaurantes, cobertos (*couvert*) por um guardanapo, que era cobrado. No século XVII, quando os restaurantes passaram a oferecer garfos e facas ao lado dos pratos, incorporaram seu custo ao *couvert*, porque muitos deles eram roubados, pois ninguém tinha garfos em casa.

FONDUE   No século XVII, houve uma superprodução de queijos nos vilarejos dos Alpes suíços. Com a chegada do inverno, os queijos endureceram, sendo impossível cortá-los e consumi-los. Algum gênio teve a ideia de derreter o excesso, acrescentar algum tipo de álcool (vinho ou aguardente de cerejas, o *kirsch*) para conservá-lo melhor e depois deixá-lo endurecer lentamente antes de consumi-lo. Se endurecesse demais novamente, bastaria derretê-lo de novo. A ideia foi posta em prática em um enorme galpão, com um caldeirão gigantesco, e, quando o queijo derreteu, algum outro gênio teve a ideia de experimentá-lo, passando na massa um florete com um pedaço de pão na ponta. Surgiu o manjar dos deuses, prato nacional da Suíça. Convém lembrar, todavia, que, na *Ilíada,* de Homero, no Canto XI, uma receita de queijo de cabra ralado, misturado com vinho de Pramnos e depois derretido, já era conhecida. A propósito, *fondue* é uma palavra feminina, ou seja, é *a fondue* e não *o fondue.*

GAZPACHO   Na Andaluzia, cada homem tem sua receita de *gazpacho,* assim como cada homem tem a sua verdade, diz Juan Carlos Alonso, cronista gastronômico espanhol. A receita é muito antiga, de origem andaluza, e era a comida das camadas mais pobres da população. Originalmente era uma pasta de pão, alho e azeite, feita em uma tigela de madeira chamada *dornillo.* Daí evoluiu para um creme chamado de Capon de galera, ainda à base de pão, que levava pedaços de anchova, alho, vinagre, açúcar, sal e azeite.

A chegada do tomate e dos pimentões provenientes da América incrementou o creme, que, como muitos outros pratos, passou de "comida de pobre" a "petisco de ricos". José Briz, cozinheiro espanhol, que escreveu o único livro que trata apenas de *gazpacho,* atribui esse nome a uma derivação da palavra hebraica *gazaz,* com o sentido de quebrar em pedacinhos, fragmentar o pão.

GNOCCHI   A escritora italiana Anna Bini considera o *gnocchi* o Prozac dos italianos: "Toda vez que um italiano come um *gnocco,* sente-se como criança, com a *mamma* acariciando sua cabeça e beijando-o...". Já no *Il Decamerone,* de Boccaccio, a imagem dos *gnocchi* rolando sobre montanhas de queijo parmesão ralado é onírica.

As origens do prato são imprecisas e difíceis de definir. Segundo uma corrente, é descendente do ravióli, da época em que este não era recheado: o *ravioli ignundi*. Já para outra corrente, é uma história muito parecida com a do *Gefilte fish* dos judeus, ou seja, os minibolinhos de massa eram uma alternativa de alimentação barata das classes pobres que acabou virando mania nacional. Seu nome deriva de *gnec*, *nodo* ou *nocca*, conforme a região ou o dialeto, e essas palavras derivam do longobardo *knoha*, isto é, tolo, bobo, imbecil. Algumas versões têm nomes curiosos, como o *strangulapreti* (engasga-padre), de Muro Lacano, ou o *strozzaprete* (sufoca-padre), da Toscana, e o *strangulaprievete*, de Nápoles.

No Brasil, a versão *gnocchi* de mandioca tem feito muito sucesso.

GOULASH   Sua receita é do século X, e seu nome húngaro original, *gulyás hus*, quer dizer carne de pastor, pois era a receita tradicional dos pastores no campo: carne refogada com cebolas em seu próprio suco. Trazida da América, a páprica foi adicionada à receita no século XVI e fez renascer a receita que estava um pouco esquecida, levando-a da Hungria para o mundo todo.

GUARANÁ   Esta não é a história, mas uma belíssima lenda.

Conta a tradição oral dos indígenas saterê-mauê que o guaraná nasceu dos olhos de um menino. Eram três irmãos: Okumáató, Ikuamã e Onhiamuaçabê, moça solteira e cobiçada por todos os animais da floresta, causando ciúmes aos irmãos que a queriam sempre como companhia, por seus conhecimentos acerca de plantas medicinais.

Certo dia, uma cobra ficou à espreita no caminho de Onhiamuaçabê e a tocou levemente em uma das pernas, engravidando-a. Segundo a mitologia indígena, para uma mulher engravidar bastava ser tocada por homem, animal ou planta que a desejasse como esposa. Desse contato nasceu um curumim bonito e forte. Na idade de entender as coisas, o curumim ouviu da mãe que, ao senti-lo no ventre, plantara para ele uma castanheira no Noçoquém (lugar sagrado de todos os animais e plantas úteis), mas que seus irmãos, tios da criança, tomaram o terreno e a expulsaram por causa da gravidez. Certo dia, o menino decidiu comer as castanhas. O lugar, no entanto, estava sob a guarda da cutia, da arara e do periquito. Este denunciou o ato a Okumáató e a Ikuamã. No dia seguinte, quando o pequeno Saterê-Mauê voltou a Noçoquém, os guardas o esperavam para matá-lo. Pressentindo a morte do filho, Onhiamuaçabê correu para defendê-lo, mas o curumim já havia sido decapitado. Desesperada, jurou sobre o cadáver da criança dar continuidade à sua existência. Arrancou-lhe o olho esquerdo e o plantou na terra. Mas o fruto desse olho não prestou: era o guaraná--rana (guaraná falso). Em seguida, arrancou-lhe o olho direito, e deste nasceu o verdadeiro guaraná. E, como o sentisse vivo ainda, exclamou: "Tu, meu filho, serás a maior força da natureza; farás o bem a todos os homens e os curarás e os livrarás das doenças". E a planta do guaraná foi crescendo, crescendo... Passado algum tempo, Onhiamuaçabê foi atraída, diversas vezes, por ruídos na sepultura do filho, e, cada vez que a abria, de lá saía um animal. Assim nasceram o macaco, o cachorro, o porco-do-mato e o tamanduá-bandeira. Novamente atraída pelos ruídos, abriu mais uma vez a sepultura do filho, e dela saiu uma criança, o primeiro mauê. Era o filho dela que renascera. Ninguém sabe quando os mauês descobriram e domesticaram a planta silvestre do guaraná, mas suas histórias contam que o guaraná é filho de uma indígena que dominava o segredo das plantas medicinais e sabia preparar os remédios da floresta.

HAMBÚRGUER   O hambúrguer é a América em um prato, de acordo com a pesquisadora culinária Anya Bremzen. Ainda segundo ela, são consumidos 30 bilhões (isso mesmo, bilhões!) de hambúrgueres por ano nos Estados Unidos – 100 por habitante/ano ou 8,5 por habitante/mês.
Marinheiros alemães travaram contato com o *steak tartar* no Oriente, no século XIV e, ao levá-lo para casa, deram-lhe o nome de Hamburgo em homenagem ao porto de onde teriam saído. O nome *tartar* foi-

-lhe erroneamente atribuído por franceses, imaginando uma origem mongol do hábito de comer carne crua. Na verdade, o consumo do *bitki*, um bife de carne crua moída, de boi ou cavalo, temperado apenas com sal e pimenta, era um antigo hábito russo. De todo modo, os alemães o levaram para o Ocidente – o que explica por que o *steak tartar* é prato típico de muitos restaurantes alemães – e em algum momento acabaram por grelhá-lo.

Aparentemente, sua estreia nos Estados Unidos deu-se no restaurante Delmonico's, em Wall Street, em 1834. No cardápio aparecia, pela primeira vez, o *hamburger steak*, levado por um imigrante alemão, cozinheiro, e era servido apenas com cebola frita. Em 1885, "Hamburger" Charlie Nagreen de Seymour, de Wisconsin, um garoto de 15 anos, teve a ideia de fazer os bifes circulares para melhor caberem no pão de fôrma e serem consumidos durante os jogos de beisebol. O hambúrguer consagrou-se na Feira Mundial de St. Louis, em 1904. Um texano chamado Fletcher "Old Dave" Davis montou uma barraquinha de hambúrgueres vendidos dentro de fatias de pão. Foi uma das sensações da feira.

Em 1921, o cozinheiro J. Walter Anderson fundou a lanchonete White Castle com uma novidade: o pão de hambúrguer, redondo como o bife. Em 1954, a lanchonete The Rite Spot, em Pasadena, Califórnia, colocou algumas fatias de queijo no sanduíche, lançando o *cheeseburger*. Também em 1954, foi aberta a primeira lanchonete McDonald's, e, a partir daí, conhecemos a história.

HOMUS   Perdem-se na história as origens desse prato. Sabe-se que o grão-de-bico já era cultivado no período neolítico, e encontramos também registros de seu uso por babilônios, egípcios, gregos e romanos. A primeira receita conhecida vem dos egípcios, da época do médio império, com o nome de Pasta de *her-bik*, ou seja, "pasta de bico de falcão". Em 400 a.C., Platão e Sócrates fazem referências ao prato. Em 1200, os países mediterrâneos declaram o homus patrimônio local.

Deve ter vindo para as Américas no início do século XX, com as imigrações do Oriente. Há de se lembrar que o "grão-de-bico", na verdade, é a tradução da palavra homus, e o nome correto do prato é *Homus bi Tahini*, ou seja, grão-de-bico com pasta de gergelim. O homus pode ser considerado um dos pratos nacionais de Israel. Cada sabra com quem você conversar conhece um lugar que faz o melhor homus de Israel. E nunca é o mesmo lugar.

MAIONESE   Existem pelo menos cinco teorias "confirmadas" sobre a origem desse que é considerado o molho dos molhos.

A mais popular localiza a origem dessa alquimia em 28 de julho de 1756, no cerco à cidade de Les Mayons, capital da Ilha de Minorca, pelas tropas do poderoso Duque de Richelieu.

Aparentemente, na noite anterior ao cerco, não se podia acender o fogo, para não denunciar a presença da tropa. O cozinheiro, então, fez um molho frio, misturando azeite e ovos. Há quem afirme que o próprio duque participou da invenção, pois, diga-se de passagem, ele era um grande *gourmet* e tinha o esquisito hábito de convidar amigos para jantares *au naturel*, com os participantes todos nus. Do nome da cidade (Les Mayon) originou-se o termo *mayonnaise*. Já os mais conservadores acreditam que o nome deriva de *moyeu*, que, em francês antigo, significava gema de ovo e teria sido criado por volta de 1600.

O genial Carême, o cozinheiro dos reis e o rei dos cozinheiros, afirmava que o nome derivou do verbo *manier*, que quer dizer "misturar", ou do seu derivado *magner*, cujo significado seria algo como "fazer à mão".

Uma curiosa teoria localiza a invenção da maionese em setembro de 1589, quando o duque de Mayen estava prestes a atacar as tropas de Henrique IV, da França, e pediu a seu cozinheiro uma refeição leve antes da batalha próxima. O cozinheiro preparou então uma salada de frango com o novo molho maravilhoso e deu-lhe o nome de *mayennaise*. No dia seguinte, o duque acordou com um piriri danado e, enfraquecido, perdeu a batalha. O cozinheiro foi açoitado, mas ficou com a glória da invenção.

Mais uma teoria diz que o molho foi inventado na cidade de Bayonne e que, em algum momento, por um erro de impressão, *bayonnaise* virou *mayonnaise*. A favor dessa teoria consta em antigos livros de culinária o molho *bayonnaise*, feito de ovos, azeite, ervas e *ciboulette* (cebolinha francesa) bem picada.

De onde quer que tenha vindo, em 1910 a dona de casa Nina Hellman, de Nova York, começou a fazer o molho, que seu marido passou a vender para amigos e vizinhos. Como sabemos, o negócio prosperou muito.

MANJAR BRANCO   Esta deve ser uma das sobremesas mais antigas que o homem conhece. Suas origens não são exatamente sabidas, mas há referências ao Manjar branco em uma receita chamada *Cibaria Alba* (comida branca) encontrada nos escritos de Apício. Entrou pelo mundo árabe com as invasões romanas e lá ganhou fama e preferência. Uma antiga receita persa, *Isfidhabâj*, que também quer dizer comida branca, é testemunha.

Curiosamente, o caldo inicial era feito com peito de frango ou nacos de carneiro, que depois eram aromatizados com amêndoas e açúcar. Diga-se de passagem, nos países árabes e na Península Ibérica, eram muito comuns pratos doces à base de frango.

Mais uma vez a invasão moura foi responsável pela inclusão de um prato no cardápio da Europa, na Idade Média. As receitas com caldo de frango ainda são encontradas nos livros portugueses dos mestres Lucas Rigaud e Domingos Rodrigues nos séculos XVII e XVIII.

Foi-se o frango e ficaram as amêndoas, o leite e o açúcar. Aqui no Brasil, onde tivemos o sincretismo maravilhoso das cozinhas europeia, africana e ameríndia, a receita ganhou o leite de coco e consagrou-se como uma das preferências nacionais.

MINESTRONE   Assim como todo sabra tem o seu lugar para comer homus, cada italiano atribui uma origem a essa sopa. Variação da palavra *minestra* (sopa), está presente nos cardápios de toda a Itália.

Em Gênova, atribui-se a invenção às mulheres dos marinheiros, que colocavam o *brodo di stoccafisso* para cozinhar lentamente com vegetais, aguardando o retorno de seus maridos.

Na Ligúria, a teoria é que foi inventado por marinheiros que, no navio, cozinhavam um *brodo* com feijão, batata e sobras de massa.

Na Lombardia, conta-se que a sopa era feita apenas no inverno, usando-se restos de vegetais da estação, com a adição do *soffritto* (mistura de alho e cebola fritos).

Embora todas as correntes concordem com a adição do queijo ralado, cada uma termina o prato à sua moda. Em Gênova, adiciona-se *pesto*; na Ligúria, *pancetta*; e, em outras regiões, pequenos raviólis de carne.

Geralmente, é um caldo de carne ou peixe com vegetais da estação, algum tipo de pasta e, eventualmente, pequenos bocados de carne, tudo cozido de forma lenta, por muito tempo.

Como dizem as garçonetes do restaurante Rina, escondido nas ruelas do porto de Gênova e que faz um fantástico *minestrone* servido em uma tigela do tamanho do estádio do Maracanã, "coma toda esta sopa e você entenderá a alma de Gênova".

MOLE POBLANO   Imortalizado nos filmes *Chocolate* e *Como Água para Chocolate*, o molho de chocolate, pimentas e especiarias, ao contrário do que muitos pensam, só surgiu em 1680, na cidade mexicana de Puebla. Especificamente no Convento de Santa Rosa, pelas mãos da irmã superiora Andréa de la Asunción, que, de última hora, teve de substituir a irmã cozinheira, adoentada, no dia da visita do vice-rei da então Nova Espanha.

Um gigantesco *guajolote* (peru), recheado de castanhas, já havia sido assado. Faltava um molho definitivo para abrir o coração e os bolsos do vice-rei.

Irmã Andréa começou por tostar alguns tipos de chiles (pimentas), como *mulato*, *pasilla* e *chipotle*. Depois os fritou em gordura, para liberar seu sabor. Acrescentou canela, cravos, anis e outras especiarias.

Em seu *molcajete* (pilão de pedra, de origem maia), pilou amendoins, amêndoas e gergelim. No final, colocou chocolate amargo moído, totalizando cerca de 100 ingredientes e seis horas de trabalho.

É certo que os maias e os astecas já utilizavam o chocolate como ingrediente de comidas e bebidas, mas nunca em um molho.

Mole é o nome genérico que se dá aos molhos no México. Assim, temos o *mole pipian*, feito de sementes de abóbora e tomates verdes; o *mole* de *olla*, feito com milho e abobrinha, e muitos outros. O *mole poblano* é feito com chocolate.

PESTO   Sua origem é bem conhecida: Gênova, na Ligúria, a região do manjericão. O nome deriva do verbo *pestare*, "amassar", e sua história é antiga, do tempo dos antigos gregos, quando já se fazia uma pasta de manjericão para dar sabor ao vinho.

Em 1992 foi fundada na Ligúria a Confraternità del Pesto, uma fraternidade de "cavalheiros do pesto", que defendia sua receita original e a correta proporção dos ingredientes. Eles não admitiam outro queijo que não fosse o *parmigiano-reggiano* (quatro colheres), acrescido de duas colheres de *pecorino*. Apenas o manjericão do tipo *Pra* (*Ocimum basilicum*) era aceito, e com folhas de não mais do que três centímetros (duas xícaras). Usavam-se somente azeite extravirgem, preferivelmente da Ligúria (seis colheres), pinhole (duas colheres), um dente de alho e sal. Aí está a receita secreta da confraria.

PIZZA   O mais americano, ou o mais brasileiro, dos pratos italianos. A salvação dos domingos à noite, dos estudantes e dos financeiramente apertados, a pizza também tem sua sociedade defensora, a Associazione Verace Pizza Napolitana, fundada em 1984, para defender as tradições e receitas desse patrimônio de Nápoles. A associação conseguiu eleger um deputado e luta inclusive para ter uma denominação de origem controlada (DOC), como o conhaque e o champanhe na França.

Suas regras draconianas dizem que a única pizza que pode ser chamada de napolitana é aquela que segue o documento "Regulamento da Pizza", que estabelece, por exemplo, para a *Margherita*:

> *Um disco de massa aberta à mão, do tamanho de um prato e bordas grossas (as medidas são fornecidas, não vou repeti-las para não ficar cansativo). Deve ser assado até dourar, ficando com uma superfície crocante, mas macio no centro.*
>
> *Cobre-se com um molho frio de tomates San Marzano, esmagados à mão e ligeiramente temperados. Entram então três (apenas três) grandes e finos pedaços de muçarela de búfala, um fio do mais puro azeite de olivas e duas, nem uma nem três, mas duas folhinhas de manjericão.*

Essa receita foi desenvolvida por Raffaelle Espósito, em 1867, especialmente para a rainha Margherita de Piemonte, que visitava Nápoles e quis conhecer a iguaria local. A ideia do autor foi homenagear a rainha com uma pizza com as cores nacionais. Os descendentes de Espósito atendem clientes até hoje na Pizzeria Brandi, em Nápoles.

Na verdade, o conceito de pizza já era conhecido pelos gregos e romanos, e sua origem muito provavelmente está no pão bíblico, algo muito parecido com a *pitah* árabe. Conhecido como *picea*, cumpria as funções do pão, sendo comida a toda e qualquer hora.

Os gregos começaram a temperar a *picea* com azeite, sal e ervas e a consumi-la como prato, algo muito parecido com a pizza branca que é servida como entrada em algumas pizzarias. Já nesse tempo, quanto mais pobre a região ou a cidade, mais grossa era a massa. Coisas de fome...

Curiosamente, a palavra pizza aparece pela primeira vez no *Codex Cajetanus* (ano 997), designando uma torta de massa coberta com alho e gordura de porco. Em algum momento da história, criou-se na Provence, região que ficava sob posse ora da Itália, ora da França, um elo perdido que ajuda a comprovar a história da pizza. Chama-se *pissaladière*, uma torta de cebolas simplesmente deliciosa e que ficou no estágio de transição entre a torta e a pizza. Eu costumo fazer a *pissaladière* com massa de pizza, por exemplo.

Em 1497, com a expulsão dos judeus da Península Ibérica, o tomate chegou à Itália e, de início, foi usado para cobrir a *picea*, levando-a a ficar mais parecida com a pizza atual.

No século XVIII, Nápoles já era a capital mundial da pizza, e em 1760 foi criada, em uma cantina do porto, a Pizza Marinara, com tomates, alho, orégano e azeite, que era servida como café da manhã para os marinheiros que chegavam do mar.

Aqui em São Paulo, uma curiosidade levou a um costume. Por motivos desconhecidos, a receita original, vinda com os imigrantes italianos, acabou na mão de padeiros, que, em suas lojas, vendiam pizzas muito antes de termos a primeira pizzaria. A receita foi então se modificando e se aproximando cada vez mais das receitas de pão, possibilitando massas mais finas e crocantes. Caiu na preferência geral, mas seria severamente desaprovada pelas rígidas regras da Associazione.

POLENTA   A polenta é "a lua brilhante que ilumina uma noite de brumas", segundo o poeta e romancista italiano Alessandro Manzoni. Nossa querida *mameliga* (palavra ídiche roubada do romeno) também tem uma história comprida, que começa com o *poltos* grego, feito de trigo sarraceno, cevada ou orzo. Ele chega aos romanos e é chamado de *puls*, tendo inclusive denominações especiais, como o *puls Julia*, ao qual se adicionavam mel e queijo e era obrigatório na ração das tropas de César. Na ocupação do norte da África, a receita recebeu a adição de nacos de carneiro e passou a se chamar *puls punica*. Daí para polenta, foi um pulinho.

A chegada do milho, em fins do século XV e início do XVI, consolidou a receita definitiva do prato, que de Veneza, para onde tinha fugido grande parte dos judeus de Portugal e Espanha, espalhou-se pelo mundo inteiro. Uma de suas características é sua simplicidade, pois exige apenas farinha de milho, água e sal, cozida em recipiente próprio de cobre, o *paiolo*, e sempre mexida com pá de madeira.

Vale a pena lembrar que, embora achemos que *mameliga* e polenta sejam sinônimos, sua origem é diferente. O primeiro nome deriva de *malai*, que significa farinha de milho, e as receitas originais de *Mameliga* são um pouco diferentes das de polenta.

RACLETTE   A palavra vem do francês *racler* (raspar) e designa tanto um tipo de queijo como o prato.

O prato é originário da província suíça de Valais, provavelmente durante a Idade Média, e tem sua história baseada nos pastores da região, que, quando movimentavam o gado nas montanhas, derretiam no jantar, ao redor do fogo, um pedaço de queijo e raspavam-no sobre pão. Tradicionalmente, a Raclette era acompanhada de uma bebida quente ou do vinho branco da região, o Fendant.

A Raclette foi inicialmente conhecida como *Branchãs* (queijo grelhado); no século XIII, documentos do Monastério de Nidwaden, datados de 1291, contam que Guilherme Tell foi um grande apreciador do prato, uma vez que suas constantes deslocações na floresta não permitiam uma cozinha mais variada.

Por sua origem camponesa, seus acompanhamentos são aqueles que os pastores levavam consigo: copa, conservas de pepino e cebolinha, pão etc. Depois do século XVI, ganhou a companhia da batata cozida, que hoje é tradicional.

RAGU   Um dos mais maltratados e mal-interpretados molhos da culinária italiana, o ragu originou-se na cidade de Bolonha (para muitos, a capital gastronômica da Itália) e, modernamente, desandou no desprestigiado molho à bolonhesa.

Sua data de origem é controversa, mas deve ser de antes do século XVI, pois documentos da Academia de Cozinha Italiana falam da adição do tomate à receita tradicional, que só levava carne e temperos. Aliás, sua receita foi registrada na Câmara de Comércio de Bolonha em 1982 e, hoje em dia, na Itália, só pode ostentar o nome de *Ragù à Bolonhesa* o prato que seguir fielmente a receita original.

O molho nasceu para rechear lasanhas, e, na falta de processadores, a carne era exaustivamente "moída" na ponta da faca. Misturava-se carne de vaca, fígado de galinha, bacon não defumado, cebola, salsão e vinho, cozidos por longuíssimas horas. A adição do tomate foi muito controversa, e, até hoje, admite-se somente um ligeiro gosto desse ingrediente no molho. Não é um molho de tomate com carne, mas, sim, de carne com tomate.

Em virtude de sua descaracterização no mundo todo, os puristas de Bolonha não servem o molho sobre o espaguete, como foi popularizado, mas apenas sobre *tagliatelle* ou lasanha.

Seu grande concorrente na Itália é o *Ragù Napolitano*, cujo nome original, *Ragù alla Guardaporta*, resume bem a essência de sua receita: paciência e carinho. A grande diferença é que é feito a partir de um pedaço de carne inteiro, normalmente músculo, cozido com vinho, tomate e temperos por infindáveis horas. Aliás, um digno representante da cozinha *marinara* de Nápoles, que se caracteriza pelo uso dos sagrados ingredientes mediterrâneos: azeite, alho, tomate e azeitonas.

RISOTO Literalmente quer dizer "arrozinho", nome que, de alguma forma, revela suas incertas origens. Deve ter nascido como acidente culinário. Algum *cuoco* perdeu o ponto do arroz que cozinhava e acabou inventando a delícia que hoje conhecemos. Pouco comentado na literatura italiana, a referência mais antiga que se conhece de algo parecido com o risoto é do escritor árabe Ibn Qutaiba (828-889), que cita um dito popular: "Arroz cozido com manteiga e açúcar é algo que não foi inventado neste mundo".

No fim do século XIX e início do século XX, o risoto começou a ficar popular. O rei Vítor Emanuel III foi um grande fã e divulgador das receitas de risoto.

Já o Risoto à milanesa tem sua origem muito bem conhecida: o ano foi 1574, no mês de setembro.

A catedral Del Duomo de Milão estava no final de sua construção, após 200 anos de obras. Um dos mestres artesãos contratados era Valério de Flandres, mestre vidraceiro e verdadeiro gênio na mistura de ingredientes para obter cores nos seus vitrais. Seus colegas tinham especial inveja por seu amarelo puríssimo, obtido a partir do açafrão. Tanto é que o apelido de seu pupilo encarregado das misturas de cores na obra era Zafferano; ninguém nunca soube seu nome. No dito mês de setembro casava-se a filha de mestre Valério, e Zafferano, em homenagem à arte do mestre, preparou um risoto com açafrão que foi literalmente devorado até o último grão pelos convidados. Ficou para a história a obra-prima desse anônimo cozinheiro.

ROSBIFE   A Inglaterra é um verdadeiro mistério gastronômico. Dominou o mundo por 200 anos, recebeu influências de todas as cozinhas e, até meados do século XX, tinha uma culinária, na melhor das hipóteses, indecente. Temos, todavia, de nos render à excelência do Rosbife.

O prato nada mais é do que uma carne grelhada malpassada, e os ingleses levaram sua receita ao limite da perfeição, inventando espetos giratórios especiais para assar a carne por igual. Esses espetos ficavam na boca das enormes lareiras de cozinha e eram movidos por aprendizes, os *turnspitboys* (garotos giradores de espeto), que suportavam estoicamente calor e fumaça além da conta. Na Dinastia Tudor, um cozinheiro inventor construiu um sistema de polias e roldanas que substituiu os *turnspitboys* por cachorros que movimentavam uma roda.

Para alguns escritores do século XVIII, o Rosbife era a essência do nacionalismo inglês, aquilo que separava os ingleses do resto do mundo, principalmente dos franceses. Na época, as carnes eram mais cozidas do que assadas ou grelhadas. O nacionalista John Bull (caricatura inglesa, criada em 1712, equivalente ao Tio Sam americano), dizia que a carne à moda francesa era boa para fazer caldos. Para comer, só o Rosbife.

Houve até uma divertida briga entre o partido Trabalhista e o Conservador, a fim de definir se o prato era mais *Tory* ou mais *Labor*.

Ainda no século XVIII foi fundado em Londres o exclusivo clube gastronômico The Sublime Society of Beefsteaks, cujo moto era "Beef and Liberty". Lá, figuras proeminentes da época e intelectuais reuniam-se para cultuar (e devorar) o Rosbife.

Curiosamente, a primeira menção encontrada em livros sobre a técnica de fazer rosbife é de 1615, no *The English Housewife*, de Gervase Markham. As proporções exatas de noz-moscada, cravo e canela que deveriam ser misturadas ao sal para o perfeito sabor eram o grande segredo revelado pelo livro.

Em 1741, no livro *The Art of Cookery Made Plain and Easy*, a autora Hannah Glasse dá instruções precisas até sobre como acender o fogo para obter um rosbife perfeito e cita, pela primeira vez em livro, seu eterno e perfeito acompanhamento, o pudim de Yorkshire, feito de ovos, farinha e leite, cozido na gordura resultante do assado. Vindo do norte da Inglaterra, esse complemento nunca mais abandonou seu parceiro, e a dupla transformou-se naquilo que a BBC chamava de jantar oficial da Inglaterra nos domingos à noite.

SALADA CAESAR   Durante a proibição da Lei Seca, mais precisamente no feriado de 4 de julho de 1924, um grupo de atores de Hollywood resolveu atravessar a fronteira para jogar e beber em Tijuana, no México. Foram ao Caesar's Palace, cujo dono era um imigrante siciliano chamado Caesar Cardini, e passaram a pedir salada para acompanhar suas bebidas. Caesar entrou em pânico, pois se questionava sobre onde encontrar ingredientes para uma salada em pleno feriado comemorativo da independência dos Estados Unidos. Para resolver o impasse, Caesar foi à cozinha e achou alguns pés de alface, dos quais retirou os corações. Fez uns *croûtons* com alho e levou a salada para o salão com tudo o mais que havia na cozinha: ovos, anchovas, mostarda, azeite, molho inglês, queijo ralado e limão. Colocou as alfaces e os *croûtons* em um prato e, na frente de todo mundo, misturou o molho com os outros ingredientes, com grande encenação, criando aquela que viria a ser a rainha das saladas do século XX. Há controvérsias sobre se o molho não teria sido criado pelo irmão de Caesar, Alex, ou por seu sócio, Paul Maggiora, que tinha sido cozinheiro na Força Aérea Italiana. E também paira no ar outra dúvida: se, na receita original, entravam anchovas esmagadas no molho.

SALADA WALDORF   A única certeza que se tem é que a salada originou-se nesse fabuloso hotel de Nova York, fundado em 1893 por John Jacob Astor, imigrante da cidade alemã de Waldorf. A receita original misturava maçãs verdes, salsão e maionese. Tornou-se um clássico da cidade e depois do mundo. Nos 30 anos seguintes, muito provavelmente na década de 1920, foram adicionadas nozes à receita, que então ficou definitiva.

O problema todo é a discussão sobre quem foi o autor dessa receita. A maioria dos pesquisadores a atribui a Oscar Tschirky, *maître* do hotel desde sua inauguração, que a teria inventado para "um jantar beneficente para 1.500 convidados de Boston, Baltimore e Filadélfia", segundo um jornal da época. Aliás, em seu livro *The Cookbook by Oscar of the Waldorf*, de 1896, ele cita a receita como sua. Ocorre que outro grupo de pesquisadores a atribui ao imortal Escoffier, genial e histórico cozinheiro que a teria criado em homenagem ao amigo Astor e com a qual teria presenteado Oscar.

SEVICHE   Antes de mais nada, insiste Ricardo Alcalde Mongrut, especialista em gastronomia peruana, que se deve escrever "seviche", com "s", e não com "c". Uma tese diz que a receita é dos incas, que marinavam o peixe com chiles (pimentas) e *chicha* (suco de maracujá amargo), pois o limão só seria conhecido na América no século XVI. Segundo outra fonte, a receita foi trazida por navegadores que passaram pelo Oriente, possivelmente no Irã ou na Síria, onde é conhecida uma receita muito parecida, chamada *Tarator* ou *Sikba*. As polêmicas em torno do "s" ou do "c" derivam da raiz do nome, que pode ter vindo de *cebo* (isca) ou de *chicha* e por isso levaria ao uso do "c", ou, ainda, da palavra quéchua *siwichi* (malcozido) ou do árabe *sikba*, que levariam ao uso do "s". Seja como for, os peruanos defendem que um bom seviche é feito apenas de peixe branco, limão peruano (muito semelhante ao nosso galego), *aji amarillo* (uma pimenta suave) picado, cebola picadinha e nada mais. O líquido que resta no prato após a marinada é conhecido como "leite de tigre" e recomendado para cortar porres.

SUFLÊ   O mais temido dos pratos por todos os cozinheiros, em razão de suas enormes chances de erro, tem suas origens perdidas no tempo. A utilização de claras batidas é secular. No Renascimento, já eram encontradas receitas de merengues.

Na França pré-revolução, registrou-se a adição de açúcar às claras, sendo o suspiro sensação na corte de Luís XV. Já então, o temor de erro fazia os cozinheiros assar as claras dentro de massas, normalmente crocantes.

No início do século XIX, Marie-Antoine Carême iniciou suas experiências com o forno de convexão, ou seja, o calor não vinha apenas das chamas de baixo, mas era produzido também em uma câmara externa e circulava pelo forno por meio de dutos.

O calor circulante queimava as claras, e Carême teve a ideia de colocá--las em um recipiente de cerâmica, fazendo com que inchassem e crescessem mais. Esse princípio de inchar, no sentido de roubar o ar dentro da massa, deu o nome ao prato, já que o verbo *souffler* significa "respirar".

Silvio Lancellotti, em seu ótimo *Cozinha Clássica*, reproduz as regras básicas de Carême para o suflê:

a) Ovos muito frescos não são recomendados. A gema nova deixa pigmento nas claras.

b) O mínimo de manteiga ou outras gorduras. As gorduras retardam o processo de "respiração".

c) A combinação das claras com os outros ingredientes tem de ser perfeita e absoluta. Quanto mais bater e aerar, melhor.

d) O forno deve ser aceso uma hora antes da utilização. A retirada do soufflé do forno é uma operação de logística, sem choques térmicos. Portas e janelas fechadas.

e) Do forno à mesa, sem paradas ou exceções.

SUSHI   Uma das maiores manias gastronômicas do século XX, senão a maior, nasceu não como prato, mas como forma de conservação do peixe.

Muito provavelmente no delta do Rio Mekong, onde existia o hábito de salgar o peixe, depois limpá-lo e colocá-lo entre camadas de arroz cozido, sob o peso de uma pedra por algumas semanas. Depois a pedra era retirada, e a massa de arroz com peixe era guardada por alguns meses. O ácido lático formado pela fermentação do arroz conservava o peixe, dando-lhe um gosto de conserva.

Essa receita chegou ao Japão e conhece-se o registro, de Shiba – um bairro de Tóquio –, de um prato chamado *narezushi* ou *funazushi*, cuja idade é de aproximadamente 1.300 anos. Nada mais são que pequenas carpas do lago Biwa fermentadas em arroz.

Dada a predileção dos japoneses pelo arroz, principalmente como acompanhamento de peixes e frutos do mar, esse ingrediente foi sendo acrescido a receitas como a do *sushi*. Por exemplo, surgiu no século XV o *namanarezushi*, no qual o peixe era pouco curtido e praticamente cru. Atribui-se à pouca paciência dos nobres de Edo (o nome de Tóquio, na época), por volta do século XVII, a adição de vinagre ao arroz para obter o gosto da fermentação sem ter de esperar os meses requeridos. Diz-se que o *sushi*, como o conhecemos hoje, foi criado pelo *sushi Shokunin* (mestre de *sushi*) Hanaya Yohei. Por volta de 1820, em sua barraca de *sushi*, em Tóquio, resolveu colocar fatias de *sashimi* (peixe cru) sobre o arroz com vinagre e vendê-los aos pares.

O sucesso foi tamanho que barraquinhas de *sushi* espalharam-se pela cidade e lá ficaram até a ocupação americana, na Segunda Guerra. Após a guerra, ressurgiram como restaurantes.

VITELLO TONNATO   Em 1891, quando a Itália acabava de reunificar-se, Pellegrino Artusi, mercador de sedas e *bon-vivant*, resolveu que devia reunificar também as mesas italianas. Lançou o magnífico *La scienza in cucina e l'arte di mangiar bene* (*A Ciência da Cozinha e a Arte do Bem Comer*), clássico da culinária italiana que é descrita em detalhes, com suas peculiaridades regionais, de norte a sul.

Entre seus pratos preferidos, destacava a vitela fatiada com molho de atum, um clássico de verão.

Nascido com o óbvio propósito de aproveitar sobras de vitela assada, esse prato acabou ultrapassando a fronteira dos reaproveitamentos e virou um sucesso.

Consiste em finas fatias de vitela assada, cobertas por um molho que leva atum, gemas duras de ovos, anchovas e alcaparras amassadas, tudo isso amalgamado com azeite, em uma espécie de maionese. Decora-se o prato com alcaparras, fatias de limão e salsinha.

Alguns restaurantes brasileiros têm feito o prato com finíssimas fatias de picanha grelhada, e o resultado é ótimo.

WELSH RAREBITS Esse prato, pouco conhecido hoje em dia, foi um clássico do início do século XX, uma das poucas contribuições da culinária inglesa ao mundo. A tradução de seu nome é algo como "delícias galesas".

O *Welsh rarebits* vem do País de Gales e era utilizado como um *savory*, prato que se servia entre a refeição e a sobremesa, como hoje são utilizados os queijos.

Embora se estime que seja muito antigo, sua mais remota receita registrada é de cerca de 1700, da família Miller, dona do albergue Hitchin em Hertfordshire. Brillat Savarin encantou-se com a receita e acabou por colocá-la em um de seus livros.

Trata-se de um creme feito à base de dois queijos, tradicionalmente o *cheddar* e outro amarelo forte, como o *cheshire* ou o *glocester*, temperados com mostarda, sal e pimenta-do-reino e regados com cerveja. Se for utilizada a cerveja amarga preta, o prato passa a se chamar *Black buck*.

Um curioso costume galês fez com que as mulheres de caçadores que saíam à cata de coelhos ou lebres e voltavam de mãos abanando chamassem o prato de *Welsh rabbit* (coelho galês), pois o faziam rapidamente para substituir a caça que não havia chegado e debochavam, assim, dos maridos.

WIENNER SCHNITZEL O mais óbvio sobre o *Wienner Schnitzel* é que ele vem de Viena, certo? Segundo alguns estudiosos, errado.

Essa maravilhosa preparação, que nada mais é do que um levíssimo bife à milanesa, não teria sido inventada em Viena, mas levada para lá pelo marechal Radetzky, aquele mesmo da marcha de Strauss.

O dito marechal foi enviado à Itália para debelar uma das inúmeras rebeliões contra os Habsburgos e voltou de lá, em 1840, trazendo uma receita típica da Lombardia, a *Cotoletta alla Milanese*, com a qual homenageou seu cáiser, Ferdinando I.

O guloso cáiser adorou a receita e mandou seu chef replicá-la, e, pelo poder da Áustria, em pouco tempo toda a Europa conhecia os bifes à moda de Viena.

A veracidade dessa história é questionada e discutida entre italianos e austríacos até hoje. O fato é que o prato pegou, virou um clássico, e mais clássico ainda é seu aproveitamento no dia seguinte como sanduíche, acompanhado de maionese com bastante limão. Que o digam os famosos pregos portugueses, deliciosos sanduíches de bife à milanesa!

Uma curiosidade: o lado italiano conta que a *Cotoletta* era originalmente feita de porco, por ser uma carne mais tenra, e que alguns *Italkim* (judeus tradicionais italianos) iniciaram o hábito de utilizar carne bovina nesse prato. Hoje em dia, a vitela é mais utilizada.

A seguir, duas dicas clássicas:

. Quando for bater o ovo para empanar, bata antes as claras e depois junte as gemas, para ficar mais leve.

. Deve-se proceder com rapidez no preparo. O bife deve passar por ovo, farinha de trigo e depois pão ralado, rapidamente, para não encharcar e não criar excessos de crosta.

GLOSSÁRIO DE PALAVRAS JUDAICAS

BIMOT	Plural de bima, que significa altar
CASHER	Alimento considerado puro de acordo com a Cashrut, o código alimentar judaico
CHALÁ	Pão trançado especial habitualmente servido no Shabat e nas festas judaicas
CHANUKA	Festa da Luzes, que celebra um milagre ocorrido em 167 a.C. após a revolta do macabeus
CHAZAN	Cantor de sinagoga
CHREIN	Nome em ídiche da raiz-forte. Também denomina um condimento preparado com raiz-forte, beterraba ralada e vinagre de vinho tinto
CHUPÁ	Tenda cerimonial para casamentos judaicos
GRIBENE	Pedacinhos crocantes da pele de aves, obtidos no processo de derretê-la para fazer a gordura
IOUCH	Caldo de galinha
ISHUV	Comunidade
KNEIDALECH	Bolinho de farinha de matzá
KREPALECH	Pastelzinho recheado
MONDELECH	Massinha frita
PESACH	Festa da Liberdade que celebra a saída dos judeus do cativeiro do Egito
SHABAT	O dia do descanso, que se inicia ao pôr de sol de sexta-feira e termina ao pôr do sol de sábado
SCHMALTZ	Gordura obtida a partir da pele de aves, principalmente ganso e galinha
TOROT	Plural de Torá
YESHIVA	Escola para formação de rabinos

ÍNDICE DE RECEITAS

Breno Lerner é formado e pós-graduado em administração pela FGV/SP. Foi diretor das editoras Abril Cultural e Globo e CEO da Editora Melhoramentos. É *gourmand*, pesquisador e escritor especializado na culinária judaica, além de estudioso da história da culinária e de seus ingredientes. Ardoroso defensor da *comfort food*, publicou três livros, mantém colunas em diversas publicações e sites na internet e ministra aulas e workshops, sempre focados na história da culinária, da gastronomia e seus ingredientes.

Na internet, mantém páginas no Instagram, TikTok e Facebook, sempre publicando histórias, receitas e lives

Seu portal (www.brenolerner.com.br) agrega todas essas publicações, além de seu blog Papo de Cozinha.

Apresenta há 8 anos o programa de TV a *Cozinha da Idishe Mome*.

Seu maior prazer e sua missão é contar histórias ilustradas por boas receitas.